「当たり前」を手放したら、
人生が豊かになった

フランスで
やめた
100のこと

100 choses que J'ai arrêté de faire en France

ロッコ

大和出版

はじめに

ひとつひとつ手放すことで、「本当の幸せ」が見えてきた

あなたは「フランスの暮らし」と聞いて、どんな生活を想像しますか？

「優雅で上品、カッコいい」、そんなイメージがあるかもしれませんね。

でも私のフランスでの日常は、優雅で上品というよりも、ずっと素朴なものです。

ただ、素朴ではありますが、そこには、ふとした瞬間に「幸せだな」と思える景色と、家族の愛が溢れています。

日本人の私は、フランスに住んで、そんな「豊かさ」に気づき、人生がガラリと変わりました。


はじめまして、ロッコと申します。現在、フランス人の夫、小学生と幼稚園の子ど

も2人と、フランスの地方都市リヨンに住んでいます。

フランスでの生活、とくに夫や義理の家族をはじめとしたフランスで出会った人たちからは、驚かされることばかり。そのおかげで私は、100個（！）の「常識」や「固定観念」を手放すことになりました。

たとえば、こんなふうに。

・無機質なインテリアをやめた↓ミニマリストを目指してなんでも捨てるより、思い出が詰まった宝箱のような部屋がいいと思えた。
・ハイブランドをやめた↓これまでハイブランドの服を着て自信があるように振舞っていた私。でも、ブランド信仰を手放したら、自由になれた気がした。
・誘いを待つのをやめた↓あるフランス人から「出会いは自分で作るもの」と教わった。今では自分から進んで友人を家に招待するようになり、交友関係が驚くほど広がった。

それぞれの個性を尊重する、飾らない自分でいる、コミュニケーションを大事にす

Originale 68
2016 2017 2018 2019
petit futé
22
MENU

る……私はここに住んで、たくさんのことを学びました。

そうして、私の人生は、これまでより、ずっとずっと豊かになっていったのです。

この本では、生活習慣、ものの見方・考え方、家族のこと、お金事情、人付き合い、生き方の6つの章を通して、私がどんなふうに「当たり前」を手放して自分らしく生きられるようになったかを、「私」というフィルターを通した写真と共に紹介していきます。

フランスに遊びに来た気持ちで、ぜひ、気軽にページをめくってみてください。

それでは、フランスの「素朴で豊かな暮らし」へご案内します！

ロッコ

フランスでやめた100のこと　目次

2章 私がフランスでやめた「考え方」

État d'esprit

――「これがおしゃれ」を捨てたら、心地よさが見えてきた

3章 私がフランスでやめた「家族のこと」

Famille

――「受け身の姿勢」を手放したら、ストレスがなくなった

4章 私がフランスでやめた「お金事情」

Argent et dépenses

――「新しいもの集め」から卒業したら、人の温かさがわかった

5章 私がフランスでやめた「人付き合い」

Relations sociales

――「無理する関係」に距離を置いたら、心がずっと軽くなった

6章 私がフランスでやめた「生き方」

Art de vivre

——「これまでの常識」を捨てたら、自分軸でいられるようになった

本文・カバー写真／ロッコ
本文レイアウト／今住真由美
本文ＤＴＰ／白石知美・安田浩也

1 章

私がフランスでやめた「生活習慣」

Vie de tous les jours

――「こうしなきゃ」から離れたら、暮らしがシンプルになった

Vie de tous les jours

やめたこと 001

朝活

思い返せば、20代の私は、とにかく朝が命でした。

早起きして語学勉強、自己啓発のための読書。

「1日の生産性を上げるために時間を有効に使わなければ！」という、一種のプレッシャーを感じていたように思います。

フランスで働き始めて意識しているのは、**「その日やるべきことを、その日に終わらせる」**という、とても単純なことです。

また、1日の作業量が多すぎるときは、朝活や残業でこなせばいいと考えるのではなく、優先順位をつけて、やらないことを決めます。

本来、出勤前の朝も出勤後の夜も、私たちの暮らしの余白のはずです。

その時間もビッシリ使う選択もできますが、日中の働き方を少し見直すだけで、自分を整える、または家族と過ごす時間へと変換することができます。

現在、私は朝活をしていません。早く目覚めた日は、パン屋さんへ向かい、焼きたてのバゲットを買います。至福のひとときです。

1章　私がフランスでやめた「生活習慣」

やめたこと 002
ジャムを買う

義母のコンフィチュール（ジャム）は、格別です。一度食べたら、もう市販のジャムに戻れません。マルシェに行くと少々形の悪いフルーツは、木箱にまとめられ、コンフィチュール用として安価で購入することができますし、義理の両親宅は、お庭にリンゴ、サクランボ、プラム、いちじく、野イチゴ、ブラックベリーなどのフルーツが実るので、大人も子どもも手伝って収穫します。

1キロのフルーツに対し、800グラムのお砂糖を加え、大きなお鍋でコトコト煮込む風景は、まるで映画のようです。

彼女のコンフィチュールはラベルも手作り。Rhubdesbois（リュバーブと野イチゴ）、Pomrhubcot（リンゴ、リュバーブ、アプリコット）など、オリジナルのネーミングが食卓での楽しい話題になります。

フランスの朝食は、シリアルかトーストにジャムのような簡単なものなので、**こうやって手作りの伝統が引き継がれていくのも素敵だなと思います**。先日、夫がどこから銅鍋をもらってきたので、近々新しいブランドが誕生するかもしれません！

Vie de tous les jours

やめたこと 003
作り置き

料理が苦手なので、いかに日々の献立作りを軽減できるか試行錯誤していた時期がありました。

そこで試していたのが作り置き。

土曜日の朝8時にマルシェで生鮮品を購入して、おかずを作る。ネットの簡単作り置きを参考にしましたが、私には逆に負担が多すぎて継続しませんでした。

理由は、「週末キッチンで過ごす時間が多く、午後には疲れてしまう」「家族のおかずを数日分作ると冷蔵庫がパンパンになってしまう」、この2点です。

後日友人宅に遊びに行って、料理の話をすると、彼女は、**「作り置きは私も続かなかったわ。平日の食事は、準備よりも即興性を大切にしてる。時には冷凍ピザでもいいじゃない。子どもも大人もハッピーよ」**と言うのです。

「料理が苦手だからちゃんとやらなきゃ！」と自分に呪いをかけていた私は、**やっぱり真面目すぎるのだと思いました。**

ラテン系のフランス人の考え方は、とても気楽でハッピーです。

Vie de tous les jours

やめたこと 004
映える食卓

ネットや本で見かける食卓の写真は、どれも彩りがよく、素敵ですよね。私も結婚当初は、そんな情報に流されて、目標を高めに設定して、できない自分に落ち込んだこともありました。

ですが、フランス人の義母の料理を初めて見て、私の常識は、いい意味で覆されました。

フランスの平日の食事は非常に質素です。

例えば、野菜のポタージュ。夜ごはんがスープだけなんて考えられなかったのですが、パンやチーズで空腹を補えば、立派な夕食になります。

ほかにも、真夏は火を使わないサラダ料理がたくさんありますし、そば粉のガレットも簡単。そば粉で作ったクレープ生地にハム、チーズ、卵をトッピング。

いわゆる日本で「時短」や「手抜き」と言われるお料理は、海外の人からすると手間がかかっている料理です。

もっと肩の力を抜いていきましょう。

Vie de tous les jours

やめたこと 005
たくさんの食器

フランス料理のテーブルセッティングと聞くと、食器もカトラリーもたくさんある光景をイメージされるかもしれません。

でも実は、フランスに来てから、**使う食器の量が一気に減り、家事も軽減しました。**

共働きが多い一般家庭の食事は、基本ワンプレートです。

前菜のサラダ↓ドレッシングをパンでぬぐって食べてお皿をきれいにする↓メイン↓ソースをパンでぬぐって食べてお皿をきれいにする↓チーズ……と進んでいきます。

チーズやデザートで小皿を出したとしても、たった2枚だけのお皿ですむのです。

食後は、食洗機に入れるだけ。

家事が苦手な私は、この方法を即取り入れました。和食は基本、お茶碗とお椀、メイン、小皿の構成ですが、ワンプレートとお椀だけでも実は充分です。

たまには、フランスの家庭のように、用意が簡単で、環境に優しい、家事も軽減するワンプレートを採用してみてはいかがでしょうか。

やめたこと 006

生ごみを捨てる

一般廃棄物に占める生ごみの推定量は約40パーセントと言われています。

生ごみの量を減らすことで、ごみ自体の量をサイズダウンすることに繋がります。

では、どんな方法があるのでしょうか？

フランスで一般的なのは、コンポスト（生ごみ堆肥）です。

コンポストといっても、ミミズの力を借りるもの、密閉するもの、土の中に入れる昔ながらのものなど、いくつかの種類があります。

「2024年には、すべての国民に生ごみの堆肥化を義務付ける」と発表されていて、個人宅だけでなく、街中に共有のコンポスト設置なども運用が始まっています。

生ごみをごみ箱に捨てなくなると、**ごみ箱の悪臭がなくなる、汚れない、ごみ袋の交換頻度が減るなど、メリットもあります。**

日本でもコンポストを、お庭やベランダに設置している人は増えているようです。

日々何気なく捨てている生ごみを、小さく循環させる工夫をしてみませんか。

Vie de tous les jours

やめたこと 007

食品用ラップ

あなたは、食品用ラップを使っていますか？

私の母は、ラップに温かいごはんをのせて、おにぎりを作っていました。私も長年、おにぎりを作るときにはラップを使っていたのですが、事件は、フランス人の義理の両親宅で、ピクニック用のおにぎりを準備していたときに勃発しました。

いつものようにラップでおにぎりを作っていた私に、義母は一言、**「おにぎりって素手でにぎれないのかしら？　環境によくないわよね」**。

正直、利便性重視だった私は、**環境についてそれまで真剣に考えたことはありませんでした**。

「できるけど、小さな子どもは食べにくいから個々に包んで……」と必死で返したものの、彼女はまったく動じませんでした。

それ以降、少しずつですが、プラスチックの環境問題について調べて、現在は、海苔にすっぽりごはんを包む「のりむすび」が子どもたちのお弁当の定番です。

Vie de tous les jours

やめたこと008
見栄を張る

「人を招いても、見栄を張らなくていいんだ！」と気づかされたのは、ある日、義理の母が我が家にお昼ごはんを食べに来てくれたときのことです。

本来であれば、日本人として、手巻き寿司のひとつでも作りたいところでしたが、直前に決まった予定だったので、すべての材料を揃える時間がありませんでした。

「どうしよう、何を作ろう……」と頭を抱える私に、夫が「チャーハンか焼うどんは？」と提案。

いやいや、人を招くのにチャーハンでおもてなしはないでしょう……と思ったのですが、結局、それ以外にいい案も材料もなく、義母にチャーハンを作りました。

彼女は、冷ごはんと残り物の材料で作ったチャーハンを**「C'est délicieux！　とってもおいしい！」**とお代わりまでしてくれました。

日本人の私からしたら、「こんなものですいません……」と恐縮してしまう状況でしたが、**大切なのは、一緒にその時間を過ごすこと。**

今では、焼きうどんも丼ものも堂々とテーブルに出しています。

Vie de tous les jours

やめたこと 009
無機質なインテリア

自分の思考や暮らしを改善したくて、身の回りの片づけを始めたときに、「ミニマリスト」という言葉に出会いました。クローゼットには数えられる程度の服、リビングはスッキリとして掃除もしやすそう。

「私ももっと片づけて、不要なものは捨てて、身軽になりたい！」と思い、まずは自分の身の回りから着手しました。

その時点で、夫はすでに渋い顔。

理由を聞くと**「家ってそこに住む人が、どんな人なのかを表現する場所じゃない？いつまでも引っ越ししたばかりみたいな内装は寂しいな」**。

確かに、彼が育った家は、家族の思い出や歴史がたくさん詰まった宝物箱のような家です。**物が多いのに、整理整頓されていて、閉塞感がまったくありません。**

むしろドールハウスにでも迷い込んだかのようなかわいらしさや個性が散りばめられている家なのです。ミニマリストのインテリアよりも、今は、私たちを表現するような住まい作りを重視しています。

TOUR

Vie de tous les jours

やめたこと 010
花がない生活

数年前に、お花の仕事に携わるフランス人の起業家さんと仕事をする機会があり、今までバラ、チューリップ、ガーベラくらいしか知らなかった私にとって、お花の存在が一気に身近になりました。

今では、手に取って、花ひとつひとつの表情を見る、**そんな時間が大好きです**。

フランスのガイドブックには花束を抱えたマダムの写真があるように、この国では、花のある生活が根付いているなあと感じます。

家の近所には3軒、マルシェにもお花や植物を販売しているお店があり、生産者から直接購入する場合は、お値段も安価なのです。

また、贈り物で素敵だなと思ったのは、バレンタインデー。

フランスでは、男性から女性へプレゼントをするのが一般的なのですが、中高生の男の子2人組が、1輪の赤いバラを持っている姿を見て感動してしまいました。

こうやって日常でお花を飾る、または贈り物をする彼らの暮らしは、どこか豊かなイメージがあります。

Vie de tous les jours

やめたこと 011
本を読まない暮らし

恥ずかしながら、数年前までの私は、小説も数行読んだだけでウトウトしてしまうような人間でした。

夫に、「今、なんの本を読んでいるの？」と聞かれて、3ヶ月くらい同じ本のタイトルを言って笑われたこともあります……。

読書習慣のなかった私ですが、本好きの夫からのいい影響で、週に1冊は本を読むようになりました。

読書で得られる最大のメリットは、言葉が豊かになることではないでしょうか。

特に外国語で生活する私にとって、フランス語の表現力、ストーリーを説明するスキル、議論が好きなフランス人と話すための引き出しは、自分の暮らしの質を向上させる要素だったのです。

日本だけでなく、フランスでもスマホによる読書離れが度々話題になりますが、それでも街中を見渡すと、カフェやメトロで本を読む人の姿を見かけることは多いです。

やめたこと 012
ラッピングにこだわる

ノエル（クリスマス）は、フランスの一大行事です。

各家庭によって過ごし方は異なりますが、義理の両親の家では、毎年24日の夜に大人のクリスマスパーティを行います。

フランスでも珍しいと言われますが、私たちは未だに人数分のプレゼントを用意しています。

私が初めて参加したときに、まず目についたのは、ラッピングでした。

なんと、使い回しの包装紙が使われていたのです。

私が包んだ包装紙も、家族は、それはそれは丁寧にテープをはがし、開封して、そっと足元の横に重ねていきます。

次のクリスマスや誕生日に使うために保管しておくのです。

日本では大量の包装紙やラッピングを廃棄しているのではないでしょうか。

その一方で、フランスでは、風呂敷もエコラッピングとして注目されています。

やめたこと 013
なんでもかんでも捨てる

「断捨離だ！」「大掃除だ！」と5リットルの大きなゴミ袋をなびかせ、家中の不用品を次々と袋に詰めていく。数年前までの私の掃除の仕方はこんな感じでした。

「あー！　スッキリした！」、合計4袋分のゴミです。

そんな私に「ちょっと待った！」と声をかけるのは、もちろんフランス人の夫。

「スッキリしたのは、自分だけ（笑）。まだ使えるものもあるから、そういうものはチャリティーショップに寄付したほうがいいよ」と言うのです。

フランスを始め、欧米では、こういった団体の活動が盛んです。病院やNGOが出店するお店で、地域の人が不要なものを寄付して、リサイクル品として販売するのです。

ほかにも、フランスの街中には、古着を回収するボックスがあり、そちらを利用することもできます。

「片づける」ことは、「捨てる」ことばかりではありません。日本でも、郊外にはリサイクルショップがありますので、片づけの際には、ぜひ調べてみてください。

Vie de tous les jours

やめたこと 014
ドレッシングを買う

夫と住み始めてすぐの頃、簡単なランチとして、前菜にサラダを手作りしました。冷蔵庫をのぞいてドレッシングを探す私に、「今ないから作ってくれる?」と夫。胡麻、中華、青じそ、和風……。スーパーで片っ端から味見をしていた私は、軽々と常識を覆されました。

びっくりするほど簡単なレシピなのでご紹介します。

【材料】オリーブオイル…大さじ2、お酢…大さじ1、マスタード…小さじ1、塩コショウを少々。

この材料を混ぜるだけで、無添加で最高においしいドレッシングができます。使用するお酢は、赤ワインビネガー、アップルサイダービネガー、米酢でももちろん大丈夫ですし、少量のバルサミコを加えるのも好みです。

マスタードは、粒あり・粒なしのどちらも違うおいしさがあります。

ドレッシングの基本を知り、今まで買っていた市販のドレッシングに近いものを手作りできるようになりました。

Vie de tous les jours

やめたこと 015
睡眠を削る

あなたの平均睡眠時間は、どれくらいですか?

ある日、フランス人の友人が**「日本は世界で一番寝ていない国」**という新聞の記事をメールで転送してくれたことがあります。

言われてみれば、私は中学受験をしたので、小学校高学年から塾に通い、21時頃帰宅をしていましたし、社会人になってからは、仕事も残業1時間は定時内、終電まで働くことも職種によっては珍しいことではありませんでした。

でも、フランスではどちらも考えられないことです。**なぜなら、世界的に睡眠不足による集中力・判断力・記憶力の低下やストレスなどが認知されているからです。**

我が家の小学生と幼稚園児は、平均10時間以上の睡眠、周りの友人たちは平均7時間の睡眠、週末ならもう1時間ベッドでゴロゴロしているでしょう(笑)。

長時間労働が生産性を上げるわけではありません。

勉強も仕事もベストコンディションで行うほうが、いい結果を出せるのではないでしょうか。

Vie de tous les jours

やめたこと 016
なんとなくテレビを見る

母子家庭で、母は日中フルタイムで仕事をしていたので、私は小学生の頃、家族旅行に出かける以外は、テレビ見放題の状態で夏休みを過ごしました。

毎日毎日、アニメやバラエティ番組をぐうたら見続けて、最後まで宿題に手をつけませんでした。痛い夏休みの思い出です。

一方、フランス人の夫は、テレビを持たない家庭で育ちました。

幼い頃は、友達との会話についていけないこともあったそうですが、**私たちは、結婚しても子どもが生まれても、テレビは持たない選択を続けています。**

決してテレビは悪ではありません。ワンオペで手が回らないときは、私も動画に頼ることがあったし、日本語教育の一環でアニメを見せることもあります。

それでも、「なんとなく受動的に画面を見ること」は、テレビに限らず、スマホ、タブレット、共通して注意します。

「なんとなくテレビを見る」をやめることで、本を読む、自分で遊んで時間の使い方を考える、家族の会話が増える……メリットはたくさんあります。

やめたこと 017
使い捨て生理ナプキン

私が初めてシリコンの月経カップに出会ったのは、2017年。

フランスで、かかりつけの助産師さんから勧められたことがきっかけです。

フランスでは生理が始まる年齢から、月経や避妊について助産師さんに相談することができます。

私は産後、デリケートゾーンのトラブルがあったことから、**「衛生的だから、膣内にすっぽり収まる月経カップを使ってみたら?」**とアドバイスをもらいました。

実際に使ってみたら、**生理を忘れるほどの快適さ**。

経血量を自分でチェックできるのもいいなと思いました。

女性が生涯、生理用品に費やすお金は、約70万円と言われています。

そのうち、ナプキンに含まれるプラスチックは、レジ袋4枚分。

使い捨ての生理用品は、海洋プラスチックごみ第5位。

実は、膨大なごみなのです。

身体にも、環境にも優しい月経カップ、あなたも一緒に始めてみませんか。

Vie de tous les jours

やめたこと 018

「ペットを買う」という選択

フランスの人口は、約6800万人、そのうち43.5%（約半数）の世帯が犬か猫と暮らしているペット先進国です。

2021年11月、フランスでは、動物の扱いに関する改正案が可決されました。具体的には「ペットショップで犬猫の販売禁止」「ショーウィンドウでの展示禁止」「ネットで一般の人が犬猫販売を行うことを禁止」というものです。

今後は、ブリーダーさんから直接購入する、もしくは保護団体から譲渡してもらうといった方法で、ペットを迎えることになります。

この発表後、近所のペットショップも早々に閉店。

これまで子どもたちは、お店の前を通るたびに子犬や子猫を見ていたので、真っ暗な店内をのぞき、「何もいない〜」と寂しそうに言っていました。

私の中で、**当たり前だった、ペットショップの存在。当たり前だった、ショーウィンドウの犬猫たち**。

この一件で、日常を疑うことを学びました。

Vie de tous les jours

やめたこと 019
週末に出かける

ヨーロッパ、特にカトリックの国では、日曜日は教会のミサがあり、そして家族でのんびり過ごすという習慣が残っています。

フランスも例外ではなく、一部、飲食店やスーパーなど営業が認められているケースもありますが、**日曜日に張り切って市内に出かける人は少数派です。**

実は、この本を執筆するために先日スターバックスへ行こうと試みたら、まんまと日曜日の罠にハマってしまいました。

大型のショッピングセンターなので、さすがに営業しているだろうと思い込んでいたら、営業しているのは映画館だけで、飲食店もその他店舗もしっかりとシャッターが閉まっていたんです。

「スタバも営業してないなんて信じられない〜」と文句を言う私に、夫は**「日曜日！」**と苦笑。

在仏7年目になりますが、まだまだ日本にいた頃の癖が抜けていないなぁと気づかされた一件でした。

やめたこと 020

寝室にスマホを置く

Instagramで発信業を始めてから、スマホの画面と向き合うことが多くなりました。

朝起きてスマホ、仕事もスマホ、寝る前もスマホ。

挙句の果てには、子どもたちから「ママ、スマホ置いてくださーい！」と言われる始末……。

自分自身がスマホに依存してしまっているなと反省しました。

悪い習慣を改めるために、**最初にやめたことが、寝室にスマホを持ち込むことです。**

これは、義理の両親がやっている方法を真似しました。

それまでは目覚ましとしてスマホのアラームを使用していましたが、寝室にスマホを持ち込まないようにしたことで、目覚まし時計を新たに購入。

電子機器と距離を置くことに関しては、フランス人年配夫婦が先生です。

小さな行動ですが、良質な睡眠の確保、日中の仕事のパフォーマンスアップなど、メリットはたくさんあります。

2 章

私がフランスでやめた
「考え方」

État d'esprit

——「これがおしゃれ」を捨てたら、心地よさが見えてきた

État d'esprit

やめたこと 021
お化粧

フランス人の夫と日本に住んでいた頃、よく言われたのが、「お化粧しなくてもきれいだよー」でした。あの頃は冗談として受け止めていたけれど、夫は日本人女性全員に対して同じ気持ちだったようです。

日本の会社に勤めていた頃の私は、まつ毛エクステをして、アイシャドウやチークも濃いめで、今と比べると別人でした。

人事研修でも、「お化粧は、身だしなみ」と言われていたので、例えお客様に直接会わない仕事でも、ノーメイクで出勤することはありませんでした。

フランスで働き始めたらどうでしょう。

周りの同僚も、ファンデーションは使わない派が多いのです。

頑張ってお化粧をしなくても、**彼女たちは、赤い口紅1本だけで、十分魅力的なのです。**

「C'est la beauté intérieure qui compte !（大切なのは内側の美！）」

お化粧ではごまかせない人間性を磨いていきたいですね。

État d'esprit

やめたこと 022
保管しているだけの服

大好きな洋服を保管するワードローブを持つことは、小さい頃からの夢でした。

そんな私が、亡き母の着物を受け継ぎ、「フランスで着物を着よう」と決めてから、今まで所有することに満足していた洋服と向き合う時間を作りました。

日本からフランスへ着物や帯を船便で送る約3ヶ月の間に、自分の大好きな洋服を一斉に整理したのです。

すべてリビングに出し、ひとつひとつ着てみる。

違和感のある明るすぎる色、体型に合わない形、短すぎるスカート……、あのとき大好きだった服たちが、今はどれもしっくりきませんでした。

手放せるものから少しずつ、最後は思い入れの強いアイテムも、以前の私と同じようにそのブランドを愛している方へ譲ることができました。


おもちゃも洋服も成長とともに変わっていく。

それは子どもも大人も同じなのです。

État d'esprit

やめたこと 023
ヒールの靴

あなたは、ヒールの靴を何足持っていますか？

私は1足もありません。

理由は、どうしても合わなかったからです。

デザインがかわいくて、美脚効果もあるヒールの靴。背伸びしておしゃれを楽しみたくて、中高生の頃から買っては足を痛めることを繰り返していました。

そんな私が50足以上のヒールの靴を手放したきっかけは、フランスの石畳です。

中世の街並みが残るエリアでは、ごつごつした石畳の道があるのです。

そのような場所にヒールで観光に行った私は、石と石の間に何度もかかとが挟まり、最悪な1日を過ごしました。

道行く人たちを眺めるとみんなフラットシューズやスニーカー。

とてもシンプルなフランス人の足元を見て、**思い切ってヒールの靴を手放しました。**

現在、手元にあるのは、革靴、スニーカー、サンダルの年間3足と和装用の草履2足のみです。

État d'esprit

やめたこと 024
「年相応」のおしゃれ

10代、20代の頃は自由にファッションを楽しんでいたのに、働き始めたら周りから「年相応」の落ち着いた服装を求められ、妊娠したらボーダーの服しかなく、産後はすっかり着る服がわからなくなってしまいました。

フランスで初めて出会った70代のおしゃれなマダム。

彼女はお孫さんが中学生から0歳児までいるおばあちゃまでもあります。

そんな彼女の服装は、フランスの老舗ブランドとファストファッションを取り入れた独特のスタイルでした。ピンク、イエロー、グリーンなど鮮やかな色合いに、夏場は大柄のサマーワンピース。

これがまた、おしゃれな着こなしなのです。

「年相応って、なんだろう?」と、そのときに考えさせられました。

バカンスで夏のビーチに行けば、年齢関係なくビキニ姿の女性がいます。

周りの意見に左右されず、こんなふうに健康的におしゃれを楽しむ人のほうが、魅力的で人目を惹きますよね。

État d'esprit

やめたこと 025
年齢を気にしすぎる

日本とフランスの女性の魅力を語るときに、大きな違いがひとつあります。

それは「年齢」です。

日本はアイドル文化にも代表されるように、若さに価値がありますよね。アンチエイジングの商品やサービスが充実しているのも、そんな理由からでしょう。

では、フランスではどうでしょうか？

若さは美の要素のひとつかもしれませんが、絶対ではありません。

さらに、**「女性とワインは一緒」**と言われるように、年数を重ねるほど味わいが増すと考えられています。

実際に、**フランスのマダムは、知識や経験が豊か！**　身なりも話し方も品があり、ひとつひとつの言葉の選び方や、会話の内容からも知性を感じることができます。

フランス語に不自由なく暮らしている私も、このような方との会話では自分の青さを痛感します。社会や世界の動きに敏感でいること、文学やアートに触れることを習慣化するなど、私もしみやそばかすを隠すことではなく、素敵に年齢を重ねていきたいです。

LE Bal des ardents .com
OUVERT
du Lundi au Samedi
de 10h à 19h
www.lebaldesardents.com
LIBRAIRIE
JIM CURIOUS
Le Prénom
CHE MINS DE TRA VERSE
BULLETIN
1 décembre 2022
POUSSEZ

État d'esprit

やめたこと 026

体重計に乗る

10代の頃は、常にダイエットをしていて、毎朝体重計に乗ることが日課でした。ダイエットといっても雑誌やテレビで話題になった、リンゴダイエット、ヨーグルトダイエット、こんにゃく麺ダイエットなど、食事を急激に減らす方法です。体重の数値に一喜一憂しすぎて、心身ともに不健康な状態に陥ってしまった経験もあります。

そんな私ですが、16歳で初めて短期語学留学をしたときに、出会う人全員に**「あなたはやせすぎ！」**と言われ、日本の標準体重や、メディアのダイエット情報に疑問を持つようになりました。

今、バスやメトロで見かけるフランスの中高生は、国籍も体型もさまざま。やせていても、ふくよかでも、**それぞれのファッションを楽しんでいます**。

10代のフランスの学生たちを見て、「個々の違いを受け入れる国で思春期を過ごしてみたかったなぁ」と羨ましく思います。

État d'esprit

やめたこと 027
香りのない人

フランスには、クリスチャン・ディオールの、

「Le parfum d'une femme en dit plus sur elle que son écriture 女性の香水は、その人の手書きの文字よりも多くのことを語る」

という言葉や、ココ・シャネルの、

「Une femme sans parfum est une femme sans avenir 香水をつけない女性に未来はない」

のように、香水にまつわる名言がいくつもあります。

以前は私も、ファッションブランドの香水を身につけていましたが、年齢や経験を重ねて、**もっと自然で、ほんの少し個性的な香りを好むようになりました。**

ここ数年のお気に入りは、日本でも大人気のイソップのヒュイル。

フランス人調香師のバーナベ・フィリオンの作品です。

日本の苔寺の庭からインスピレーションを受けたといわれるヒュイルは、ヒノキの森を連想させる、アロマのような、さわやかな香りです。

État d'esprit

やめたこと 028
タクシー移動

荷物が多いとき、冠婚葬祭で会場を移動するとき、夜遅く帰宅するとき……、東京生まれ、東京育ちの私には、**タクシーで移動することは、そこまで非日常のことではありませんでした。**

今、フランスに移住して7年になりますが、日常的にタクシーを使うことはほぼありません。

ふだんは公共の交通機関を使うか、自家用車で移動をします。

移動するためだけにお金を払うのも、フランス人にとっては、かなりの贅沢だと思われます。

ある晩、友人夫婦が我が家に遊びに来て、いつものように真夜中を過ぎた頃、終電がない事実を知った友人夫婦の選択肢は、「徒歩で帰る」もしくは「始発に乗る」の2択でした（笑）。

30代の割と裕福な生活をしている友人夫婦のこの発想には、びっくり。

結局2人は、1時間以上かけてリヨン市内を徒歩で横断して帰宅したのです。

État d'esprit

やめたこと 029
内股歩き

中高生の頃、ファッション誌をめくると、専属モデルさんも、ストリートスナップのおしゃれな人たちも、内股で立っている人が多いものでした。

そのせいか、私も少なからず影響を受けていたように感じます。

ある日、日本に住んでいたことがあるというフランス人マダムと両国の違いについて話していたときに出た話題が、なんと「日本人の内股歩き」についてでした。

彼女は、**「あんな内股の歩き方をしていたら、ブランド物のバッグも台無しだわ」**とピシャリ。

また、「もし自分の子どもが同じような歩き方をしたら、姿勢矯正を検討する」とまで……。

相当気になったのでしょう。

それ以来私は、**特にビジネスシーンにおいて姿勢も歩き方も意識するようになりました。**

État d'esprit

やめたこと 030
デリケートゾーンに無関心

「デリケートゾーンはどのように洗浄していますか？」

婦人科健診を行った際に、助産師さんに聞かれた質問です。

私の中で、「特別な石鹸で洗う」という概念がなかったので、ぽかんとした私に彼女は丁寧に説明してくれました。

「デリケートゾーンは、ほかの肌よりもpH値が低く（酸性が強く）、市販の石鹸で洗うと、殺菌力が強すぎます。自浄作用がある必要な菌も殺してしまうのです。スーパーや薬局で専用のケア商品があるので使ってくださいね」

自分が性教育をほぼ受けていないことは認めていたけれど、自身の身体のケアの知識も乏しかったことにショックを受けつつ、**その足で薬局に向かいました。**

そこには今まで気づきもしなかったたくさんのケア商品がありました。

それ以降は日常的に専用洗浄をするようになり、真夏の蒸れや痒みなどのトラブルも一切なくなっています。

Saforelle
SOIN LAVANT DOUX
IRRITATIONS & QUOTIDIEN
Toilette intime et corporelle
BARDANE
BURDOCK
GENTLE CLEANSING CARE
IRRITATION & DAILY USE
Intimate and body hygiene
FRANCE
IPRAD
gynophilus®
gel moussant
Soin d'hygiène intime quotidien
Action prébiotique
Renforce les défenses naturelles cutanées
250 ml

État d'esprit

やめたこと 031
完璧主義

私は、小さい頃から完璧主義の傾向がありました。

具体的にいうと、周りの目を気にしすぎる、満点じゃないと納得できない、人に頼れない、ミスしたときに立ち直れない、思ったように育児ができなくてノイローゼ気味になる……。

独立する道を選んだときも、失敗を恐れて新たな挑戦ができなくなっていた頃に、商工会議所のカウンセラーの女性にこんなことを言われました。

「あなたは完璧主義ですよね？　プレゼンをしっかり用意して、素晴らしい。でもビジネスはリリースしないと何も始まりません。失敗を繰り返して学ぶものです」

現在、私はフランスで着物講師をしています。

始めた当初は、ホームページもSNSも未完成。

彼女のアドバイスは、**私の「脱・完璧主義」の大きな一歩となりました。**

État d'esprit

やめたこと 032
コンプレックスを隠す

洋服を着て一番しっくりこないのは、自分の「なで肩」でした。

そのせいで、デコルテを意識した服装は貧相に見えるし、トップスやワンピースの肩紐はズルズル落ちる。

トートバッグもずっと手を添えています。

そんなコンプレックスを味方にできるようになったのは、フランスで着物を着始めてから。

一般的に、着物が似合う体型は、「なで肩」「寸胴」「腰の位置が低い」「首が長い」の4つと言われています。

私の体型は、これに当てはまるのです。

フランスを含め、海外で服を買うときに苦労する日本人は多いと思いますが、ものの見方を少し変えるだけで、**コンプレックスも自信にもなりえます。**

私にとって、着物は世界に通用する最強の勝負服。

もう、服装で迷うことはありません。

2章

私がフランスでやめた「考え方」

État d'esprit

やめたこと 033
新品にこだわる

もし、フランスに来て、道路で走る車を見たら、きっと目を疑うんじゃないかなと思います。

そもそも、日本とアメリカ以外では、マニュアル車が主流。

「オートマ車のイメージは老人の車！」ということにもカルチャーショックでした。

そして、駐車をしている車に目を向けてみると、とてもレトロな内装デザインの車が普通に走っていますし、実際に義理の父の車も、20年以上も前に購入した中古車ですが、まだまだ現役。

車のキズやへこみは、気にしない。

サイドミラーが取れそうならガムテープでぐるぐる巻きにして修理。

「走ればいい！」という声が聞こえてきそうなくらい、フランス人は、デニムを履きつぶすように、**車を乗りつぶすまで利用します。**

3 章

私がフランスでやめた「家族のこと」

Famille

――「受け身の姿勢」を手放したら、ストレスがなくなった

Famille

やめたこと 034
カップルであることを忘れる

「アムール（愛）の国」と言われるフランスで、身をもって体感したのは、結婚しても「カップル」であり続けるということです。

恋愛感情がなくなれば、子どもがいても離婚する夫婦は多いものです。

私たちの周りでも残念ながら離婚してしまった夫婦を何組か知っています。

私の両親は小学校低学年の頃に離婚したため、仲良し夫婦というのを間近で見てきませんでした。

そのせいか、最初の頃は正直、夫婦関係と家族のバランスを難しく感じていました。

それでも、義理の両親や祖父母が手を繋いで歩いていたり、夫婦2人で食事に出かけていたり、60歳、70歳、80歳になっても愛する気持ちを伝え合う姿を見て、**「あたたかいな。素敵だな」と感じさせてもらえたのです。**

夫婦になり、人生の相棒として一緒にたくさんの喜びや困難を分かち合っていくけれど、男女としての恋愛感情も忘れずに付き合っていきたいと思っています。

やめたこと 035
記念日にこだわる

義理の両親は、毎年欠かさず結婚記念日をお祝いします。

フランスでは、結婚1周年、コットンの記念日（綿婚式）から100周年まで、日本でも有名な金婚式、銀婚式以外にもエメラルドや紙など毎年いろいろなテーマの記念日があります。決まった形式はありませんが、義理の両親はそのテーマに沿ったプレゼントを贈り合う、デコレーションや食事のメニュー、服装などを楽しんでいます。

私もそんなふうに毎年お祝いできたら素敵だなあと思っていたものの、夫は、結婚記念日を覚えられない人でした。

私たちは日本とフランスで結婚式をしたので、いつを結婚記念日と呼ぶのかも怪しいのですが、覚えられない人（夫）に文句を言っても仕方ないので、私自身が記念日へのこだわりを手放すようにしました。**他人は他人、自分は自分。**当たり前のことですが、隣の芝は青々と輝いて見えるものです。

現在は、おいしそうなレストランを見つけると結婚記念日を口実に行くようになりました。いろんな形があっていいと思います。

AU 14

やめたこと 036
夫の氏を名乗る

子どもが幼稚園に入園したときに、クラス名簿を見ていると、父親・母親がそれぞれ出生時の苗字を名乗っている人が多いことに気づきました。

25人のクラス中、夫の氏を名乗る女性は、私を含め3名くらいでした。

オペラ歌手の義理の妹も例外ではなく、結婚しても自分の旧姓で働き続けています。それは、「呼び名が変わると不都合がある」といった理由ではなく、**「私は私」**という根本的な考え方があるからだと言います。

昨年、私がフランスで着物の仕事を始めたときも、彼女は**「絶対に旧姓の日本語の名前がいいよ！　だって日本人とすぐわかるから！」**とアドバイスしてくれました。

フランスで外国人として暮らしていると、フランス社会に溶け込もうという気持ちが先行しがちです。

でも、実際のところ、デメリットは、**名前を聞かれたときに伝わりにくいということだけ**。

人と違うことが逆に自信になると発見した出来事でした。

Famille

やめたこと 037
相手の仕事に無関心

あなたは、パートナーの仕事に興味を持っていますか？

フランスの国立研究所で働いていた夫は、私の中で未知の分野の人でした。

私がずっと美術系の道を歩んできたということもあるし、「理系＝難しい」と勝手に決めつけていたこともあるかもしれません。

夫婦の会話でお互いの仕事について話すとき、夫はありとあらゆることに興味を示してくれるので、こちら側も話すのが楽しくなります。

逆に私は、「研究の話なんか聞いてもわからない」と心のどこかで思っていたので、彼の話に集中できないこともしばしばありました。

ある日、海外出張で出席した学会の話にいくつか質問をしたら、**「興味を持って質問してくれると嬉しいなぁ」**と満足そうな顔。

知識のありなしではなく、**聞く姿勢は相手に伝わることを学びました。**夫婦円満の秘訣は、日々の会話からですね。

3章　私がフランスでやめた「家族のこと」

やめたこと 038
できるほうがやればいい

私たち夫婦は、結婚当初、特に家事分担を決めずに新生活をスタートしました。

実際に数ヶ月共同生活をしてみると、「今日も私がごはんを作るのか」「私ばかり家事をしているな」と不満に思うことが多々ありました。

そんなときに目にしたフランスのパートナーシップの記事。

そこには、同棲前に「トイレ掃除は苦手だからパートナーに担当してほしい」「共働きだから冷凍ごはんに文句言わない」といった、自分のやることを線引きする女性のインタビューが書いてあったのです！

さらに、「できるほうがやればいい」が成立しない理由として、結局、家の中のことが目につく人が全部やることになり、平等ではないとも。

家事や育児は、一緒に可視化して、役割分担をすること。

そうすれば、「私ばっかり！」の不満がなくなるだけでなく、**自分自身の時間管理にも役立ちます**。

Famille

やめたこと 039

パートナーの物を捨てる

フランス人の夫はファッションに無関心です。

仕事以外で着る服は、首元がくたびれていようが、穴が空いていようが、そのまま着続けます。

手紙も誕生日プレゼントも極力捨てません。

「フランス人は物を大切にする」と言うけれど、ここまで捨てない人は厄介です。

身の回りを片づけ始めた頃の私は、「物が多すぎる！」「片づけが進まない！」と、夫に対してイライラしていました。

夫は一言、**「片づけもミニマリストも大歓迎。でも僕のボロボロの服もプラスチックのおもちゃも今は捨てない」**。冷静に淡々と、こう言っていました。

そして、気づいたのです。「私にはガラクタにしか見えなくても、**相手にとっては宝物かもしれない**。押し付けずに、いいバランスを模索しながら暮らしを整えていこう。ゆっくりでも一歩一歩進めばいい」と。

Famille

やめたこと 040
相手任せの避妊

ある晩、義理の家族宅で、祖父母、義理の両親とその兄弟、私たち夫婦、そして夫のいとこたちの三世代が避妊について議論する流れになりました。

親戚同士で避妊の話をするなんて、日本では想像できないかもしれませんね。

フランスに来る前の私は、性教育もまともに受けていないので、避妊は男性がするものだと思い込んでいました。

フランスで一般的な避妊方法は、コンドームのほか、経口避妊薬（ピル）、子宮内避妊システム（IUS）・子宮内避妊具（IUD）、皮下インプラントなど複数あり、**自分にとって最適な避妊方法を選べます。**

議論の中で、20代の男の子がこんな発言をしました。

「女性の避妊は、メリットばかりでなく、ホルモンの影響で不調や痛みを伴うから、パートナーが話し合うことが必要だよね」

この思いやりのある意見には、その場にいた全女性が感動しました。

避妊方法を選ぶ時代ですね。

Famille

やめたこと 041
パパと呼ぶ

第一子の出産を控えていたとき、私たちは日本にいました。

あるとき夫は、「いくつかお願いがある」と切り出したんです。

そのひとつが、**「子どもが生まれても夫婦間でパパ、ママと呼ばない」**でした。

日本では、私の親戚の叔父さんは奥さんを「ママ」と呼んでいましたし、街中でもそう呼び合っている家族も見かけたことがあったのですが、夫にとっては、どうしても受け入れられないことだったようです。

フランスでは、夫婦に子どもがいてもいなくても、その関係は変わりません。

子どもと話すときに「パパにこれを渡してね」や「ママに聞いてみてね」などと言うことはあっても、お互いをパパ、ママと呼び合う人に、私は会ったことがありません。


家族が増えてもその関係は変わらない。

街中には、年齢問わず、夫婦が手を繋いで歩く姿を見かけます。

Famille

やめたこと 042
いつも家族で行動

日本での産後、私たちは、毎週末、公園やショッピングモールなどで家族時間を過ごしていました。

移住して、フランスの幼稚園や小学校で知り合うママやパパと交流するようになると、ほかの家族の週末のルーティンを知ることができました。

あるフランス人のパパは、**「土曜日は、自分１人で大型スーパーに買い出しに行く。子どもと一緒だと時間かかるでしょ？」**と話し、あるフランス人のママは、**「土曜日の午後は、自分時間。ミシンで洋服を作っているの。子どもと離れる時間も必要！」**と話します。意外と**計画的に家族全員で行動しないようにしている家庭が多かったのです。**

現在、我が家も夫と子どもたちが義理の両親の家に遊びに行ったり、子どもたちも別行動したりしています。

家庭を持つと、子ども中心になりがち。

でも、フランスの家族は、個々を尊重しているなぁと感じることが多いです。

AJP

Famille

やめたこと 043
子どもと寝る

フランスの育児本を読んだことがある方はご存じかもしれませんが、フランス人は赤ちゃんと一緒のベッドで寝ません。

私の夫も例外ではなく、子どもの頃、両親の寝室に入れたのは、病気のときだけだったとか。

ただでさえ、文化の違いがある国際結婚ですので、そんな彼の想いを尊重して、上の子が産まれたときに「同室だけど別ベッド」を試してみました。

結果は、**我が家の場合は、やってよかった！**

理由のひとつに、私自身が赤ちゃんを気にせず休息できることがあります。

のちに生後６ヶ月で別室。夜８時頃に寝かせますが、親がそばにいなくても、１人で入眠できるようになっていたので、寝かしつけも不要なのです。

もちろん、日本とフランスは、住環境も異なるので、絶対ではありませんが、興味がある方は、ぜひフランスの育児関連の本を読んでみてください。

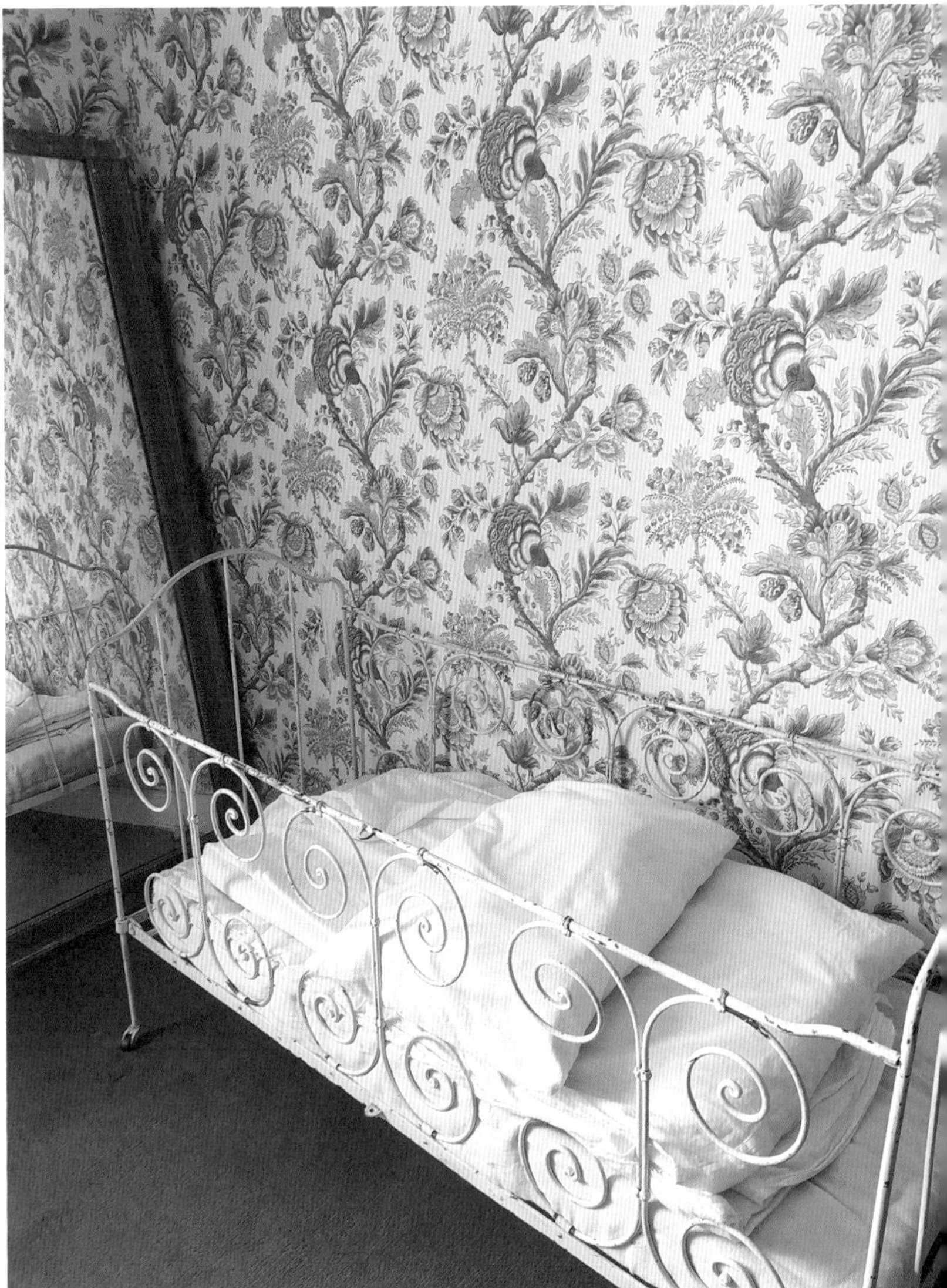

Famille

やめたこと 044
きれいなお弁当作り

料理が苦手な私も、新婚の頃は日本に住んでいたので、頑張ってお弁当を作っていました。ごはん、メイン、おかず、最低限これだけは。

あとは、茹でたブロッコリーとプチトマトで彩りよく。

でも、好きではないことって続かないですね。

ある日、夫が「自分でやるから大丈夫!」と言ってくれたので、甘えることにしたんです。そして翌日、夫のお弁当をのぞいてみると、タッパーにごはんと麻婆豆腐が大盛り。以上。この大胆なお弁当に、**自分がどれだけやりすぎていたか気づかされました。**

これは子どものお弁当も同じ。フランスの学校の遠足は、基本サンドイッチ一択。連絡帳には、小袋のポテトチップスとリンゴやバナナなど食べやすい果物の指定もあります。

共働きの両親が多いフランスでは、子どもがいる親への負担は最低限。ふだんは合理的に、時間をかけたいときは思いっきり。

お弁当作りもそんなふうに考え、気楽に対応しています。

Famille

やめたこと 045
母と同じことをやる

私の母は、几帳面で、気が利き、お料理もお裁縫も上手でした。

そんな母がやってくれたことを再現しようと必死になっていたと気づいたのは、フランス人の義理の母の一言でした。

「私のママン（フランス語でお母さん）は、料理が大好きでずっとキッチンに立っていたけど、私は無理！」。子ども5人を立派に育てたお母さんが、「私は無理！」と言い切ってしまうところに驚きましたし、この一言で「母がしてくれたことをすべて子どもにやらなくちゃ！」と無意識に行動していた自分の姿を客観視できました。

私のお母さん像のロールモデルは、いつでも実母1人だけでした。

でも今は、**日本とフランスのいいとこどり**。

実母から受け継いだ日本の歴史や文化を次の世代に継承しながら、柔軟に海外の合理的な部分を取り入れていく。

昭和の完璧なお母さん像にとらわれず、日々、自分らしい子育てに近づいているように思います。

Famille

やめたこと 046
頑張りすぎてしまう

好きなことや、やりたいことに注力して、時間を使うのは充実感があります。

でも私は「そこまで頑張らなくてもいいのに」ということにもこだわって、膨大な時間をかけてしまうということが頻繁にありました。

特に初めての育休中は、偏食で作った物をほとんど食べない我が子を相手に、手作りの離乳食にこだわったり、お昼寝の間も休まず家事をこなしたり。

挙句の果てには、洗濯物を干すことさえも夫のやり方が気になって、あとでこっそりやり直す、なんていうこともありました。

人に頼る、優先順位をつける、忙しいときは手を抜く、そういうことが普通にできなかったのです。

フランスに来てからは、私がせかせかと動き回っていると**「休んで！」「寝て！」「1杯飲んで！」**とみんなが声をかけてくれるので、そのたびに「ちょっと一休み」を心がけています。

Famille

やめたこと 047
べき論

私が「○○するべき！」を連発していたのは、フランス人の夫と結婚してすぐの頃でした。

当時は、日本に住んでいたので、基本的な暮らしは日本仕様。

自然と自分が主導権を握っているように感じていました。

「お茶碗を右側に置いた→お茶碗は左側に置くべき」「靴下に穴が空いている→穴の空いた靴下は捨てるべき」など、「べきべき」うるさい私に、夫は、**「そういう考え方もあるかもしれないね」**とサラリ。

「お互いの育った環境を配慮して、2人の価値観を築いていこうね」には、正直涙があふれそうになりました。

多人種のフランスで育った夫。この歩み寄る姿勢に、ハッとすることが多いのです。

自分や世代の価値観を押しつけるのではなく、**お互いを理解して最適な方法を探していく。**

多様化が進む今の時代、特に考えていきたいことですね。

3章　私がフランスでやめた「家族のこと」

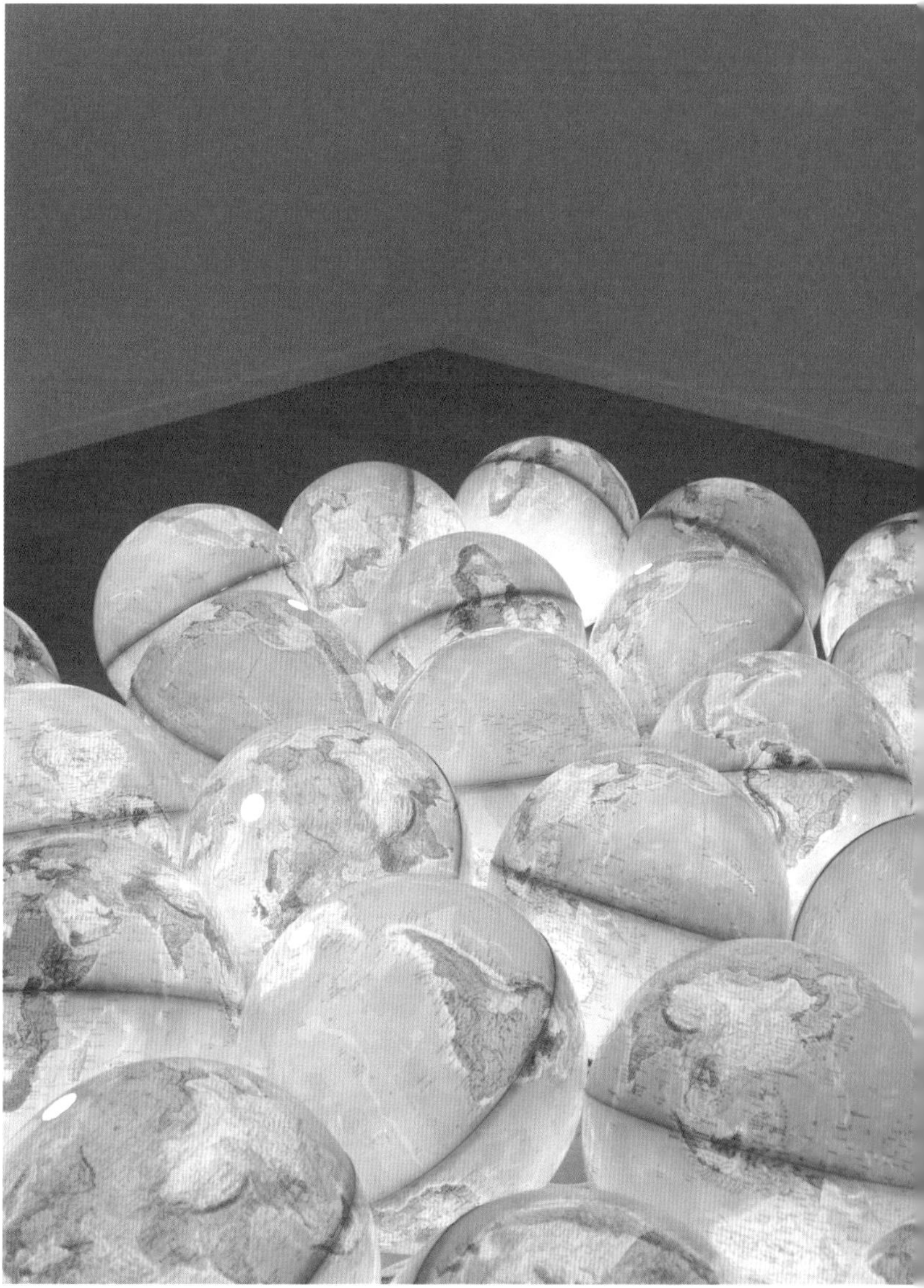

Famille

やめたこと 048
当たり前

海外生活の醍醐味のひとつに、**「日本の常識は、海外の非常識」**を体験することがあります。

例えば出産。ネットを見れば、生理痛の100倍の痛み、鼻からスイカを出す痛みなど恐ろしい表現が飛び交いますが、全体の8割が無痛分娩のフランスでは、出産と痛みは、必ずしもイコールではありません。

日本で初産を経験した私には、フランスでの妊婦健診や出産準備は驚きの連続でした。分娩方法は、**希望しなければ無痛分娩が基本**。

また、次の妊婦健診では、「マダムは授乳をする予定ですか？」と聞かれました。質問が理解できず、戸惑う私に、先生は、授乳を希望しないお母さんには薬が処方できることを教えてくれました。

もちろん賛否両論ありますが、母親の希望を聞く姿勢はとても心強いものでしたし、痛みを伴わなくても我が子はかわいいのだと声を大にして伝えたいです！

Famille

やめたこと 049
家族を理由に諦める

子どもがまだ小さかった頃の私は、「子育て」を理由に諦める悪い癖がついていました。ある晩、1ヶ月前から楽しみにしていた友人との外食の予定の日に、夫の出張が入ってしまいました。なんでこの日に！

「あー、楽しみにしていたのに。残念」とガッカリする私に、夫は冷静に、**「予定をキャンセルしなくてもいいでしょう？ 両親に頼むか、ベビーシッターに頼もう」**と提案してくれたのです。

あの頃の私は、勝手に自分自身を悲劇のヒロイン化していたので、**こういう柔軟な発想がまったくできませんでした。**

そもそも自分が楽しむために子どもをベビーシッターに預けることも罪悪感を抱き、我慢していました。

日本の状況は少し違うかもしれません。でも、お母さんたちが過去の私と同じように、無意識に諦めたり、我慢したりすることが減る社会になればいいなと願っています。

Famille

やめたこと 050
相手を変えようとする

家族やパートナーなど、身近な人ほど、相手の癖が気になり、変わってほしいと思うことがありませんか?

フランス人の夫は、洋服にまったく興味がなく、私がどんなにおしゃれをしても、Tシャツ、短パン、サンダルがいつものスタイルでした。

私は、彼を一生懸命変えようとして、びくともしない岩(夫)を相手にストレスを感じていました。そんなある日、子どもが学校から借りてきた、イソップ寓話の本「Le Vent du Nord et le Soleil 北風と太陽」。

そこには、「強引に相手を動かそうとすると頑なな態度で拒否する。相手を思いやる気持ちがあれば、相手も心を開いてくれる」といった内容が書かれています。

私は彼の服装を「個性」と捉えてみることにしました。すると気持ちがフッと軽くなりました。私が何も文句を言わなくなったので、買い物をするときには、アドバイスを求められるようにも。

こんなふうに、相手を変えるよりも、できることがあるかもしれません。

Famille

やめたこと 051 親のためにやる

私は5歳のときにピアノを習い始めました。

先生が母の友人だったか、紹介してもらったか、そんな理由で習い始めましたが、自分の意志ではありませんでした。

最初は楽しくやっていましたが、小学生高学年の中学受験の準備が始まった頃から、練習もレッスンも憂鬱になってきました。

ある日、母に「誰のためにやっているの？」と問い詰められ、「お母さんのためだよ！」と怒鳴った自分が忘れられません。

そんな私は、日本の小学校のシステムが合わないと感じていて、5歳の頃から、海外に住むことが夢でした。現在に至るまで、いくつかの壁がありましたが、どんなときも**「自分のため、自分の未来のため」に動いてきました。**

もし、今、「なんのために生きているんだろう」と悩んでいるとしたら、もう少しわがままに生きていいかもしれません。

4 章

私がフランスでやめた「お金事情」

Argent et dépenses

――「新しいもの集め」から卒業したら、人の温かさがわかった

Argent et dépenses

やめたこと 052
美容にお金をかける

ネイル、まつ毛エクステ、アートメイク、脱毛……、美容に使うお金はいくらあっても足りませんよね（笑）。私自身、美容には結構お金をかけていたので、ノーメイクに赤い口紅というフランス人女性のメイク方法には驚きました。

ファッション誌やブランドの広告で、そばかすだらけのモデルさんの顔が度々アップで使われているのを見かけたときも、日本とフランスの美意識の違いに気づかされました。画像加工が当たり前の現代で、わざとそばかすを残す。この姿勢には、もっと何か深い考えが隠されているような気がしました。

「美容代や服代にお金をつぎ込むなんてナンセンス。だってあなたの経験が今の顔を作るのよ」、これはある雑誌で見かけた対談の言葉です。

フランスでも整形には、賛否両論あります。

サロンに通う裕福なマダムや若者も増えているかもしれません。でも、私は、これこそ、**年を重ねることを楽しむフランス人女性らしい考え方だと思いました**。

なぜなら、そばかすだらけの顔には、その人のストーリーがあるからです。

MAXIM

Argent et dépenses

やめたこと 053
毎月服を買う

私は、洋服が大好きで、10代の頃は、原宿系ファッション誌のCUTiE、Zipper、FRUiTSをバイブルとして生きていました。

ストリートスナップのページでは、毎月の洋服代が月に3～5万円と書いてあることも珍しくなく、私の金銭感覚も自然とその基準に調整されたのを覚えています。

フランス人の夫に出会った頃に、私の洋服に対する狂気ぶりに夫は絶句しました。

「このペナペナのTシャツが2万円!?」「ロゴがついているだけで、カーディガンが5万円!?」。

洋服にまったく興味がなく、1枚のTシャツを何十年も着ている彼に、現実の世界にずるずると引き戻されました（笑）。

フランスに移住して、環境や暮らし方と向き合うようになり、**ますます服を買う機会は、減りました**。

昨年、母の着物を引き継いだことでまた考え方が変わっていきそうです。

Argent et dépenses

やめたこと 054
ブランド主義

マルタン・マルジェラ、コム・デ・ギャルソン、ヴィヴィアン・ウエストウッド、ヨウジヤマモト。これらのデザイナーズブランドが大好きでした。

ブランド物をまとうことで私は特別な気分になれましたし、ふだんは劣等感の塊でも、ブランド物をまとうと自信が湧いてくるような気持ちになりました。

それまでふだん使いしていたブランド物の服装に違和感を持ったのは、フランスに来てからです。

街中の人々を観察していても、**やはりハイブランドを身につけている人は、ほんの一握り。**

「あなたの価値を決めるのは、ブランドの服じゃないわよ」、そんなふうにアドバイスしてくれたファッション業界の女性の言葉も忘れられません。

今でも自己表現としてファッションを楽しんでいますが、ブランド信仰を手放して、もっと自由になれた気がします。

Argent et dépenses

やめたこと 055
なんとなく買う

倹約家のフランス人の友人が引っ越しをしたときに、新居に遊びに行きました。ごみ箱は段ボール箱。自分がイメージするごみ袋を探しているところだと説明してくれました。

3ヶ月後、彼女の家に再訪問すると、まだダンボールのごみ箱。これには私も「スーパーでもごみ箱が売っているのになんで買わないの？」と疑問をぶつけました。彼女は拍子抜けという表情で、**「だって、妥協したくないでしょ？」**。

「百円ショップや駅ビルの雑貨屋さんで不用品を買っていた頃の私は、妥協していたのか！」と衝撃を受けました。

後日私は、マイボトルを新調するときに買い方を変えてみました。自分の完璧主義を逆手に取って、素材や値段、原産国などをネットで調べ、実店舗があれば実際に手に触れてみる。**とことん時間を費やして、一番のお気に入りのマイボトルを見つけました。**

妥協しない買い物。フランス人は本当に芯のある人が多いです。

Argent et dépenses

やめたこと 056
衝動買い

私は元々、浪費家で、衝動買いが大好きでした。

考えて購入するなんてことはほとんどなかったと断言できます。

ある日、フランス人の友人のショッピングに付き添いました。

彼女は服の形、色、丈など自分の理想をはっきりとわかっていて、「最低10件はお店を巡り、試着をしては、購入せずにお店から出る」を繰り返していました。

「さっきの服、似合っていたのに買わないの？　何を迷っているの？」と質問したところ、**「物や服を買うって、自分の限りある人生の時間と交換することなのよ。だから焦って買わないの」**と驚くほど、深い回答がきました。

それ以来、自分の時間、仕事、買い物について改めて考えるようになり、ほしい物があっても、**その日は買わずに検討するようになりました。**

もちろん後悔することも、出費も減ったことは書くまでもありません。

MAXI COOKIE
3,5€
MAXI COOKIE
3,5€
COOKIE CLASSIQUE
PAIN AU CHOCOLAT
1,8€
CROISSANT
1,5€

FISH MEASURE SPOON

Argent et dépenses

やめたこと 057
安いから買う

語学を勉強すると、その国の人が大切にしていることや、それほど重要視しないことを汲み取ることができます。

例えば、フランス語には、「安い」という単語がありません。

「高くない」や「経済的」という表現はあるのですが、ここには、値段にとらわれず、ひとつの物を修理しながら大切に使うことを好むフランス人の暮らしが表現されているように思います。

実際に、日本では「安物買いの銭失い」ということわざがありますが、フランス人の義理の祖父が**「私は、安物を買い続けるほどお金持ちではない」**と言ったことが印象的でした。

安さ重視で買って捨てることを繰り返すよりも、**先のことを見据えた買い物をすれば、無駄な支出を抑えることにも繋がります。**

彼のアドバイスのおかげで、私たちは長期間修理不要の冷蔵庫を購入することに決めました。

Le Petit Prince
Toutes les grandes personnes
ont d'abord été des enfants.
Lyon
Le Petit Prince

Argent et dépenses

やめたこと 058
まとめ買い

「まとめ買いか？　その都度買いか？」。どちらが無駄なく買い物でき、経済的なのか、誰もが一度は考えたことがあると思います。

私も、「①毎週末、郊外の大型スーパーに一週間分の食料を買い出しに行く」「②都会に住んでいるので、マルシェや地元のスーパーで必要なときに必要な物を購入する」、この両方を試してみました。結果は、②のほうが、私は無駄がありませんでした。

理由を考えてみましたが、そもそも料理が苦手な私に、一週間分の献立を考えてまとめ買いをするのは、ハードルが高いこと。

結果、お金、時間、労力、どれもメリットがありませんでした。それよりも、平日は質素にスープだけ、サラダだけ、ワンプレートで主食とおかずのような料理を認めることで、楽するだけでなく、**毎月の貯金にも貢献することができたのです**。

受動的に情報に左右されるのではなく、自分で実験して検証する。暮らすことは学ぶことですね。

Argent et dépenses

やめたこと 059

家計を見ないふり

正直、私はお金の管理が大の苦手です。お小遣いもお年玉も給与も、もらったらすぐ使っていましたし、貯金はほとんどありませんでした。さらに、日本にいたときには、浪費癖から、リボ払い地獄を経験して、痛い目にあったこともあります。

明細書は、封を開けずにゴミ箱に捨てる。のちにペーパーレスになったら未読スルー。

一般的に倹約家の多いフランス、中でも質素な暮らしを好むフランス人の夫と結婚したのは、もはや運命です。人生の修行。本当に救われました。

フランスで夫婦の共同口座を開設したのですが、あまりにも家計に無関心な私に、**「銀行口座のお金は2人のお金。楽しい話題じゃないけど話さないといけない」**と言われてドキッとしました。

月末に収支の確認、不動産購入、資産運用……。**今まで苦手だからと逃げていたことに初めて向き合うことにしたのです。**

まずは現状把握から。一歩ずつ進めば、大丈夫です。

Argent et dépenses

やめたこと 060
貯金していればいい

フランスで感心したのが、20代の若者が早々にアパートや家を買ったり、投資や資産運用をすると知ったことです。

義理の妹たちも例外ではなく、30歳前後で初めての不動産購入をしています。

よくよく聞いてみると、フランスの不動産は、全体的に右肩上がりなので、「家賃を払うよりも、資産にしよう」と親からアドバイスされるそうです。

それ以外にも、家族親戚が一緒に別荘を購入して、バカンスの滞在費を浮かせるなど、**お金の使い方について考えさせられることは多々あります**。

私自身は、持ち金はすべて浪費する、食費を削ってもほしい物を買うというハチャメチャな使い方だったので、この考え方に刺激を受けました。

近年、日本でもマネー教育についての話題を見かけますが、子どもの成長過程で自分の周りに相談できる大人がいるかいないかで、将来お金に対する考え方は大きく変わってしまうなあと思いました。

Argent et dépenses

やめたこと 061
長財布を持つ

昔、ワイドショーで「紙幣を折ると金運が下がる」というフレーズを聞いて以来、私はそれを鵜呑みにして、ずっと長財布を使っていました（あなたも？）。

同じ理由からか、社会人は、長財布率が高かったように思います。

でもフランスに来たら、金運ではなく、ライフスタイルに合った実用性でお財布を選ぶ人がほとんど。

この数年で、スーパーでは無人レジが設置され、小額もカードで支払えますし、今まで現金支払いのみだったパン屋さんやマルシェでもカード精算が可能なので、カード1枚、スマホひとつでお買い物できるのが現状です。

今まで、長財布を入れるために、必然的にバッグも大きめのものを選んでいましたが、現在は、貴重品を入れるだけの小さなポシェットのみ。**ずいぶん身軽になったものです。**

ポイントカードも思い切ってすべて手放したことも大きいです。

使うお財布、あなたはどんなふうに選んでいますか？

やめたこと 062
使い捨て

日本でも使い捨ての容器は、プラチック製品の見直しが進んでいます。

フランスでも、2020年に施行された「循環経済法」によって、プラスチック製ストローや容器などが姿を消しました。

さらに、フランスはマルシェが盛んな国なので、そこでの包装事情もお話ししたいと思います。

基本的に消費者は、エコバッグと、量り売りの野菜や果物を入れる紙袋や布製の袋を持参します。

お肉屋さんやお魚屋さんに容器を持参する人もいます。

「エコでいいですね！」と思うかもしれませんが、母が小さかった頃はお豆腐屋さんやお肉屋さんに容器を持参していたという話も聞いたことがあります。

私たちは、より便利なほうへと身を任せてしまいがちですが、今後は、**「本当に必要な物は何か？」**を**自問自答する習慣が必要なのだと思います。**

RIZ LONG BLANC
5€05/kg
4€90/kg
CROZETS FILIÈRE FRANCE
15€50/kg
Penne
2€45/kg
Penne
2€45/kg
Torsades
2€45/kg
Torsades
2€45/kg
Farfalles
1€99/kg
Farfalles
2€45/kg

やめたこと 063
社交辞令の贈り物

私の母は、お年賀、お中元、お歳暮など、季節に合わせて几帳面に贈り物をしていました。

結婚してからは、私も同じようにやろうと努めていたのですが、「もう無理！」と思ったのが、出産内祝いのお返しです。

初産で長時間の自然分娩、やっと生まれて眠れない生活の中、「いただいたお祝いの半額」「産後1カ月以内に」などのルールに、1人途方に暮れながら百貨店のカタログとにらめっこしたのを覚えています。

「そのルールはなんのためにあるの？」、すかさず質問するフランス人の夫に私が答えられるのは「そういうものだから……」の一言だけでした。

嬉しいはずの出産が、**時代に合わない贈り物のルールでしんどくなる**。

年賀状をオンライン化する、内祝いは辞退するなど、季節の挨拶や贈り物の文化も時代に合わせてアップデートしていきたいですよね。

Argent et dépenses

やめたこと 064

職場へのお土産

昨年の一時帰国の際、旅先で「おしゃれな個包装でばらまきお菓子！」という広告を見たときは、正直ドキッとしました。私はフランスにいて、もうしばらく、そのようなお土産を買っていなかったからです。

日本で会社員をしていた頃は、お休み明けに、同僚や上司のデスクにお菓子を配る風習がありました。

「お休みをいただき、ありがとうございます」という意味合いがあるお土産文化。

フランス人の友人と旅行をしても、お土産を買うときは、「うちの子にあれを買いたいの」「パートナーにこの色、似合うかな？」など、大切な人へ購入する人が多いです。「職場に何買おう？」と悩む人はほとんどいません。

感謝の気持ちは言葉で伝える、楽しい経験は土産話でシェアする。

それだけでも十分ですし、あまり神経質すぎる個包装もそろそろ見直す時期だと思います。

Argent et dépenses

やめたこと 065

サブスクリプション

浪費癖、貯金ゼロから抜け出すために、一番初めにやったことが固定費の削減です。

便利な現代社会では、映画、音楽、読書、洋服、食品といった、さまざまなジャンルにサブスクリプションサービス（サブスク）が存在します。

そんなサブスクは、月額は数百円でも、年間で見ると結構な金額になることに気づきます。

私は、サブスクの棚卸をして、仕事で利用しているもの以外、一旦解約しました。そして、加入理由を紙に書き出してみました。

ここでは、フランス人が得意な**「Pourquoi?　なぜ?」**を自問自答することで、本来生活になくても困らないものが浮き彫りになったのです。

実際、「1年間無料だから」「たくさん本を読めるから」「便利かもしれないから」など、先のことはあまり考えていない理由ばかりです。

お金の管理で重要なのは、現状把握。

ドキッとした方は、ぜひ毎月支払っているサブスクを一度見直してみましょう。

LOUIS PERGAUD
OEUVRES ILLUSTRÉES
50€
COMPLET SUR
DUBOUT
KAMA SOUTRA
Céline
Mort à crédit
LA BIBLE
L'ANCIEN
SAINT-EXUPÉRY
LUCIEN LEUWEN

Argent et dépenses

やめたこと 066
ポイントカード

フランスにも「Cartes de fidélité」というポイントカードがあり、私は、食品や日用品の買い物は、ひとつのスーパーですませてポイントを集約するようにしていました。

そこで陥ってしまったのが、「今この商品を買うとポイント2倍」という広告の罠！「ポイント2倍だから買っておこう」と、いつの間にか目的と手段が入れ替わってしまったのです。

そんな私をリセットしてくれたのは、フランスのマルシェ文化でした。

生産者さんは、ポイントカードなんてないけど、魚を買ったらレモンのおまけをくれるし、チーズ屋さんやお肉屋さんは、子どもたちが喜ぶ試食をさせてくれたりします。

ポイントではない、**人と人とのやり取りがとても温かく、心地よくて、ポイント稼ぎを手放すことができました。**

日本にも商店街の活気が残る郊外には、地産地消のロッカー式野菜の自販機がありますよね。

大型店にはないよさに気づけるかもしれません。

Olivettes
2,50 €/kg
69
Fenouil
2,50 €/kg
69

Argent et dépenses

やめたこと 067
引っ越し業者

私たち家族がフランス国内で初めて引っ越しをしたとき、自らトラックを借りて、すべて自分たちの手で梱包して運びました！

引っ越し業者を利用しなかったのは、私にとって人生初のことでした。

さらに驚いたのは、友人達が当たり前のように手伝いを名乗り出てくれたこと。「お互いさまだよ」とにこやかに引き受けてくれた彼らは、学生の頃から自分たちで引っ越しをすることに慣れている様子。

大型家具の運び出しも手際よく、**すべてがスムーズに進みました。**

フランス人の夫が日本にいたときによく言っていたのは、**「日本はありとあらゆるサービスにお金を使うよね」**です。

不便も楽しむフランス人の暮らしぶりには、いつも発見がありますが、この引っ越しの出来事も一生忘れないでしょう。

5 章

私がフランスでやめた「人付き合い」

Relations sociales

――「無理する関係」に距離を置いたら、心がずっと軽くなった

やめたこと 068

違和感を無視する

あるフランス人と仕事をしていた頃、最初は楽しくてしかたなかったのに、だんだん、仕事の方針、時間管理、予算管理で「ん?」と思うことが増えていきました。

それでも外国人の私を信頼して、依頼してくれているので、その期待に応えようと、いったん目を閉じて進んでみました。

しかし、決断と反比例して、不満は日に日に増えていくばかり。

そんな私を見かねて、子育ても仕事もバリバリこなす友人が、**「小さな違和感は、自分が成長するための貴重な機会だよ。無視しちゃだめ」**と助言をしてくれたのです。

それから、1日10分、自分と向き合う時間を設けました。

やりたいことを紙に書き出す、それだけ。

考えを言葉にする、文字にすることで、**可視化され、物事の判断がしやすくなるのです。**

それからは、自分の人生に責任を持った生き方をしようと決めました。

Judith

やめたこと 069
気の乗らない飲み会

知らない人の誕生日会と気の乗らない会社の飲み会ほど、憂鬱なことはありません。親しい間柄ならまだしも、同僚や上司の愚痴を言う人、酔うと大きく態度が変わるような人がいる飲み会は気が引けます。

フランス人で、日本で働いたことのある夫も、電車で寝ているサラリーマンを何度も助けたことがあり、心配していました。

フランスの職場にも「Pot（ポ）」という軽食とお酒を社員がシェアする習慣があります。開催理由は、社員の歓迎会、送迎会、結婚、出産など、さまざまです。

日本と大きく違うのは、就業時間内に行われること。仕事が終わってから居酒屋へ行くという発想はなく、場所は、カフェテリアや会議室。

参加も出入りも自由なので、とても気楽です。そして、Pot の後は、帰宅して家族と食事をするのが一般的。

プライベートを尊重するフランスの社風は見習いたい部分ですよね。

Relations sociales

やめたこと 070
断るのが下手

会社員の方なら、残業、休日出勤、飲み会など、断らないがゆえに貴重な自分の時間は、あっという間になくなってしまいます。

フランス人は断り上手です。

なんでこんなにも潔く、ポジティブに断れるのかと観察をして、「人生の優先順位がはっきりしているから」という結論に至りました。

職場で上司が、**「その話、明日でいいかな? 今夜は、パートナーの誕生日だからケーキを予約してあるからね(ウィンク)」**という姿を見て嫌な気持ちになったことはありません。

むしろ年上の上司がかわいらしく見えるし、「家族想いで素敵な人だな。忙しくても大切なことをわかっているな」と、**断ることで相手の評価を上げているのです。**

フランス人は断るのがうまい。

それは人生の優先順位がはっきりしているからです。

やめたこと 071
笑ってごまかす

気まずい雰囲気になったときや、回答に戸惑う質問を受けたとき、義母に**「あなたは笑っているけど、ちゃんと答えていないわよっ（ニヤリ）」**と、何度か指摘されたことがあります。

これは、「周りの目を気にしすぎる」「自分にとって都合の悪いことと向き合いたくない」という、自信のない私が抱えていた悪い癖で、日本人同士のコミュニケーションでも相手に不安を与える行為になるかもしれません。

わからないのに顔はにこやかだと、相手は理解したのか察知できませんし、そもそもコミュニケーションのキャッチボールが成立しませんよね。

この癖を治すために効果的だったのは、フランス人の義母に何度も聞かれた**「あなたはどうしたいの？」という質問です。**

自分の気持ちと向き合うことで、意見や伝えたいことも明確になり、笑ってその場しのぎをすることはなくなりました。

5章　私がフランスでやめた「人付き合い」

やめたこと 072
必要以上に謝る

私はかつて、「すみません」「ごめんなさい」が口癖でした。

フランス語を話すときも多用してしまっていることに気づいたのは、ある日、こんなフレーズを新聞で見かけたときです。

「Dire «merci» plutôt que «désolé»（«ごめんなさい»よりも«ありがとう»）」

確かに、フランス人は、簡単に謝りません。スーパーの店員さんも、元同僚も、言い訳が多くて、そんな頑固な態度に腹立たしさを感じますが、その反面「Merci（ありがとう）」は、惜しみなく使うのです。その事実に気づいてから、私は、ポジティブな言い換えを心がけています。

「待たせてごめんね」→「待っていてくれてありがとう」、「手伝ってもらってごめんね」→「手伝ってくれてありがとう」。

どうでしょうか。**なんだか感謝するほうが心地いいですよね。**

「ごめんなさい」を「ありがとう」に変えると、日々の暮らしは、もっと心地よくなるかもしれません。

Relations sociales

やめたこと073
友達100人

「1年生になったら友達100人できるかな？」という歌を覚えていますか？

私は、「日本だけではなく、世界中に友達を作りたい！」と思い、海外の学生と文通をしたこともあります。

のちに、SNSが普及して、繋がりが多いことをステータスに感じていた時期もありました。ちょうどその頃、夫と出会い、衝撃を受けたのは言うまでもありません。

彼は自称「友達が少ない人」で、頻繁に連絡を取る友人は片手で数えるほどしかいません。

でもその数少ない友人とは、会うとなったら夜中まで語り合う、スマホのメッセージを使わず、論文のように長いメールで近況のやり取りをしています。

そんな彼を横で眺めていて、私は、繋がっているだけの友達100人より、**自分の本心を言える1人を大切にしている彼の交友関係を羨ましく思いました。**

あなたには本音でぶつかり合える友達、何人いますか？

Relations sociales

やめたこと 074
意見を言わない

フランスに来てすぐの頃、カルチャーショックだったのは、テーブルでの会話です。ただでさえ、フランスでは3時間ほどかけて食事するのに、会話の内容が家族についての話題だけでなく、社会、環境、政治、経済、科学、医療、宗教など多岐に渡ります。

当時の私は、日常のフランス語に不便はなかったものの、「フランス語を間違えたら嫌だな」とか「自分だけ変な意見を言ったら恥ずかしい」などの気持ちが邪魔をして素直に意見を言うことができませんでした。

でもそんな私に義母は、何度も何度も話を振ってくれました。

「あなたはどう思う？」

「日本ではどうなの？」

この質問に答えるべく、まずは毎朝ウェブ版の新聞や、話題になっている本を読み、**意見や感想を要約して残すようにしました。**

意見が言えなかったのは準備不足だっただけです。

Relations sociales

やめたこと 075

否定の姿勢

思春期の頃は、母と大喧嘩をすることが頻繁にありました。

それは大人になってからも変わりません。

口論の原因はだいたい私の否定的な姿勢。

何か提案されても、口癖は「いや」「でも」「だって」。

母にはぶっきらぼうな返答をしてしまうことが多かったのです。

そんな私がフランスで学んだのは、考え方や価値観は人それぞれということ。

フランスは移民大国なので、アフリカ系、アラブ系、アジア系など考え方がまったく違う人々が共存しています。

時には、否定的な意見は相手を怒らせてしまうことだってありうるのです。

それよりも、まずは物事を肯定的に受け取り、**「よりいい考え方もあるかもしれない」**という姿勢で話を聞くことが大事なのだと知りました。

やめたこと 076
議論を避ける

海外で暮らす前は、議論や討論というと、喧嘩しているようで、ネガティブなイメージしかありませんでした。

思い切って、自分の意見を言っても、反対されると、意見だけでなく自分も否定されているようで、落ち込んだこともあります。

そんな私のイメージを覆したのは、フランスのカフェで目撃したある出来事です。

隣に座っている男性2人組が激しく議論を始めて、こちらもドキドキするような雰囲気だったのですが、最後の最後は、**「Pas mal！ いいじゃん！」**と言い合い、仲良く席を立ったのです。

ゲームのように議論を楽しむフランス人の若者を目の当たりにして、それ以降、私もゲーム感覚で、**話す相手と逆の意見を言う練習をしました。**

おかげで政治、経済、環境、科学など多岐に渡るニュースを見るようになり、自信だけでなく、教養を身につけることにも繋がりました。

Maria
BIENVENUE
WELCOME
BENVENIDA
WILKOMEN
BEM-VINDO
ようこそ

やめたこと 077
困っている人を無視

フランスのバスやメトロでは、中高生がお年寄りや妊婦さんに席を譲る光景を当たり前のように目にします。

バリアフリーが進んでいない古い駅では、エレベーターを探すのも一苦労ですが、子育て中に、瞬時に誰かが「ベビーカー、持ちますよ！」と声をかけてくれるのは本当に助かりました。

私は、今まで席を譲る行為が苦手で、それなら立っていようと思うタイプでした。見知らぬ人と関わるのが苦手だと感じていたし、瞬時に立ち上がれない自分に引け目を感じるなど、理由はいくつかありました。

でも逆の立場になり、ベビーカーを担いでくれる、電車のドアにバッグが挟まったら男性何名かが必死に引っ張ってくれる、という経験をたくさんしたのです。

「フランス人は個人主義」と言われますが、こういう瞬時の団結力には、日々感動させられ、**今では私も、迷わず声をかけるようになりました。**

Relations sociales

やめたこと078
目を合わせない

海外に住んでいると、日本と違って、「アイコンタクトはとても重要だな」と思うシーンに何度も遭遇します。

特にびっくりしたのは、フランスで乾杯をするときです。「乾杯〜！」とグラスを合わせるとき、日本だったら目線はグラスだと思います。

フランス人は、お互い目を合わせます。時にはウィンクをされてドキドキすることもあります（笑）。

ラテン系、アングロサクソン系、アジア系など、それぞれの文化や習慣によってアイコンタクトの考え方は異なりますが、私は、しっかりと目を見つめることで、その場にいる1人ひとりと繋がっている感覚になる、フランスのこの習慣が好きになりました。

夫婦の信頼関係もアイコンタクトがバロメーターです。

私は、まだまだ不機嫌になると下を向いて話す癖があるので、身近な人には特に意識して、目を見て会話するよう心がけています。

Relations sociales

やめたこと 079
挨拶をしない

「フランスに旅行へ行くときの注意点はなんですか？」という質問をいただいたら、真っ先に「お店に入るときと、お店から出るときは必ず挨拶をしてください！」と答えます。

フランスでは**「Bonjour こんにちは」**と笑顔で元気に挨拶しますし、お店から出るときも**「Bonne journée いい一日を」**や**「Au revoir さようなら」**など一言残してドアを開けます。

当たり前のように見えますが、日本のコンビニやスーパーでは「いらっしゃいませ！」と言われたときに答える言葉が特にないので、多くの方が、無言で入店する習慣がついていています。

挨拶をしない観光客には、店員さんの態度も変わってしまうことがあります。

ぜひフランスにいらっしゃる際は、お店、レストラン、ホテルなどで、**出会う人たちへの挨拶を意識してみてください**。

元気のいい挨拶は自分も相手も幸せにしますよね。

Relations sociales

やめたこと 080
苦手な人とかかわる

職場の同僚、学校のクラスメイト、義理の両親……、私たちは日常生活で、たくさんの人と関わります。そして、そこには、すぐに仲良くなれる人と、苦手だなと感じる人がいるものです。

以前の私は、八方美人な部分があって、職場にいる苦手な人に対して、その人を理解しようと無駄なエネルギーを使っていました。それは、フランスに来てからも変わらず、「あの人は、なんでこんなことを言うのだろう？」「あの人は、なんでこんなメールを送るのだろう？」と頭を抱えることが多かったのです。

大きなため息をつく私にみんながアドバイスしてくれたのは、**「難しく考えすぎ！苦手なら距離を置けば？」**でした。

「職場は仕事をする場所」と少し割り切って考えるようになって、**感情的なストレスがぐっと減りました。**

私たちの悩みの9割は人間関係と言われています。ネガティブなことに時間をかけず、また別の出会い、コミュニティに属すことで解決に繋がるかもしれません。

Relations sociales

やめたこと 081
人を家に招かない

東京に住んでいた頃、友人と会うときは、カフェや居酒屋などがほとんどで、家族や親しい友人以外の人を家に招くことは非常にまれでした。

フランスに来たら、外食するより、まず**「うちでアペロ（アペリティフ）しようよ！」**と誘われることが多く、**その違いに驚きました**。

友人宅のテーブルには、スティック野菜や生ハム、ポテトチップスやクラッカー、オリーブなど、調理をしなくてもいいおつまみが並び、ワインやビール、子どもにはマルシェのおいしいりんごジュースでもてなしてくれました。

「家に人を招く」となると、「料理しておもてなししなくちゃ！」と気が張ってしまい、ハードルが高かったのですが、フランス人のカジュアルなおもてなしにならって、自分自身も少しずつ「おうちアペロ」を楽しめるようになりました。

結果、出会った人たちと深い関係を築くことができるようになっています。

Relations sociales

やめたこと 082
誘いを待つ

「断られたら嫌だな」「びっくりされたら嫌だな」「迷惑だと思われたら嫌だな」、そんな気持ちがあり、ずっと自分から誰かを誘うことを避けていました。

お誘いのメッセージを打っても、下書き保存したままで送れない。

そんな内向的な私に声をかけてくれたのは、もちろんフランス人。

子どもの年齢が同じということもあり、すぐに仲良くなりました。

7年経った今、彼女とは、家のこと、仕事のこと、お互いの悩みや苦労話など、なんでも話せて、時には仕事帰りにワインを飲むような、そんな関係です。

彼女に学んだことは、**「出会いは自分で作る」ということ。**

勇気を出して友人を誘ったり、家に招待したり……。

今までしなかった行動を積み重ねることで、フランスでの交友関係は、驚くほど豊かになりました。

Relations sociales

やめたこと083
ママ友に執着

「ママ友と仲良くなれない……」と日本の友人から相談を受けたことがあります。

私は、子どもたちの学校生活が始まる前にフランスに移住をしたので、日本のママ友を経験したことがありません。

友人の話によると、子ども同士が仲良しだから少し無理して付き合いをしているそうで、なんだかとても複雑だなという印象を受けました。

フランスの考え方は非常にシンプルです。**「気の合う人とだけ仲良くなる」**、それだけです。

特に我が子は都市部の公立の幼稚園と小学校へ通っているので、白人のフランス人だけでなく、アラブ系、アフリカ系、アジア系など、さまざまな価値観や教育方針を持った人が集まっています。

挨拶しかしない人、学校の情報交換をする人、一緒に出掛ける人、プライベートな話をする人、それを決めるのは自分です。

Relations sociales

やめたこと 084

「いい人」でいる

私は小さい頃から、みんなから好かれたいと思っていました。子どもの頃は大人に褒められたくて、大人になったら周りからいい評価をされたかったのです。

周りの顔色をうかがって、空気を読んで行動することが身についていたので、受けた誘いやお願いは、できる限り断らない。

そうして、自分のこと、他者のことの線引きが上手くできず、気づかないうちにストレスが溜まって、週末は、疲労困憊。寝て過ごす。そんな経験も多々あります。

そんな私にとってフランスでの人間関係は、**自分軸を取り戻す大きな修行となりました。**

例えば、仕事の欠員で自分の業務量が増えたら、自分でなんとかしようとせず、「負担が多すぎる」とすぐ上司に相談する。ママ友に子どもを預かってと頼まれたけど予定していることがあったら素直に断る。

案外、自分が思っているよりあっさりと相手は受け止めてくれました。

これからも自信を持って物事の判断ができるようになりたいです。

Relations sociales

やめたこと 085
察してもらう

以前の私は、家族や友人に対して、いつも「察してほしい」という態度を全面に出していました。

それは、フランス人の夫に対しても同じだったのですが、ある日、子育てで自分のやりたいことがまったくできず、「私だって自分時間がほしい！」と爆発した私に、**「もっと日頃から言葉で言ってほしい。コミュニケーション！」**と言われ、目が覚めました。

「育った環境や文化が違うパートナーに私は何を求めていたのかな？　この人には、言葉で伝えないと伝わらない」

という大きな気づきでした。

それ以降、**些細なことも意識して伝えるようにしています。**

あなたも、もし「相手が気づいてくれない」「相手がやってくれない」とモヤモヤしているなら、しっかり意志を伝えるほうが自分も相手も心地よく過ごせるかもしれません。

Relations sociales

やめたこと 086
他人と比較する

私たちは、兄弟姉妹間、学校でテストの点数、大人になっても会社で能力を比較されるなど、常に「比較の社会の中」で生きていますよね。

特にSNSの普及によって、人のプライベートが見えてしまう世の中。複雑な気持ちになることもあります。

私自身もずっと人と比べて生きてきましたし、時には、「自分よりできない人を見てホッとする」なんていうこともありました。

私は3年前から定期的に水泳に通っています。

フランス人の水泳の先生はいつも**「隣のレーンの上級者は見なくていい！　比べるのはいつも前回の自分だ！」**と熱く語ります（笑）。

彼のおかげで、私は水泳だけでなく、私生活でも自己成長にフォーカスすることができるようになりました。

自分の限界を超えていく。

そこに嫉妬はありません。

6 章

私がフランスでやめた「生き方」

Art de vivre

――「これまでの常識」を捨てたら、自分軸でいられるようになった

Art de vivre

やめたこと 087
「普通」を求める

普通に勉強して、普通に就職して、普通に結婚して、普通に子どもを育てて……日本にいたら、そんな「普通の人生」こそが一番幸せなのだと語る大人たちも少なくありませんでした。

そんな話をフランス人の友人にしたときに、こんな答えが返ってきました。

「『普通＝安定』という幻想じゃないかな？」

言われてみれば、小学校の頃のランドセル、上履き、ピアニカ、リコーダー、お裁縫箱、みんなと一緒であることで安心感を得ることがありました。

なぜ「普通」を求めてしまうのでしょうか？

海外では、自分が「普通」だと思っていることが、まったく理解されないことも日常茶飯事です。

私たちは、**それぞれの普通の基準があり、それぞれの幸せの基準がある。**

自分の気持ちを隠さずに生きていきたいなぁと感じた出来事でした。

Direct Producteurs
FFA
L'Apéritif, notre Sport national !
FÉDÉRATION FRANÇAISE
FFA

やめたこと 088
無意識の偏見（アンコンシャス・バイアス）

「アンコンシャス・バイアス（無意識の偏見）」とは、自分自身は気づいていない「ものの見方やとらえ方の歪みや偏り」を指します。

フランスでの子育てを通して気づいた「無意識の思い込み」があります。

それは次男の３歳のお誕生日に、義理の妹から赤ちゃんのお人形と手作りの洋服セットをもらったときのこと。

「男の子のおもちゃ」「女の子のおもちゃ」という分別をしていた自分にドキッとしました。次男は、「めいちゃん」と名づけて当たり前のように受け入れましたし、５歳になった現在も、そのお人形で遊んでいます。

玩具店のカタログを眺めていると、おままごと、お掃除、赤ちゃんのお世話をしているのが、**すべて男の子のモデルなのも新鮮でした。**

フランスは移民大国でもあるので、男女、色だけでなく、採用するモデルの国籍も慎重になります。

Art de vivre

やめたこと 089
縁起に左右される

私たち日本人は、無宗教と名乗る人が多くても、縁起が悪いことは避けたいと考えるものです。

一方で、そういった迷信を信じることは無意味に人を不安にさせ、時には、行動を諦めてしまうデメリットもありますよね。

欧米では一般的に、「13」が不吉な数字とされています。例えば、食事の際に13人がテーブルを囲むこと。これは、キリストの「最後の晩餐」に由来していて、裏切り者とされるユダが13人目のテーブルについたことから縁起が悪いと言われています。

それでも、状況によっては避けられない場合もあり、そんなとき、フランス人は**「うちの猫が14席目だ！」**や**「もうすぐ授乳で赤ちゃんが起きるから大丈夫！」**など、いろんな発想でその場を和やかにします。

言い伝えられている縁起は知っている。でも結局は、**自分の行動によって自分を取り巻く状況は良くも悪くもなる**。

自分軸がしっかりあるフランス人的な考え方ですね。

Art de vivre

やめたこと 090
満員電車での通勤

日本でもフランスでも私は満員電車が大の苦手です。体臭や香水、乗客のマナーなど細かいところが気になり、毎日ストレスを感じていたからです。

また、小さい頃から朝礼でも立ち眩みしやすい体質だったことも理由のひとつです。

フランスは、新型コロナ感染対策のため、ロックダウンをしたときに、在宅ワークを強いられました。それ以降、自宅をリノベーションしてデスクを設ける、新築のマンションでは間取りにテレワークスペースを表記するなど、10年前に「会社と自宅、ハイブリッドに働けたらいいなあ」と、私がふんわり抱いていた願いが、いつの間にか当たり前になっていました。

私の周りの友人も口をそろえて言います。

「コロナは、悲劇だけでなく、私たちに人生の豊かさを考えさせた」

ピンチはチャンスと受け止めて、**常に新しいことにチャレンジする気持ちで生きていきたいですね。**

Art de vivre

やめたこと 091
休めない仕事

バカンス大国で生まれ育ったフランス人の夫が、日本には永住しないと決めた理由のひとつに、休暇の少なさがあります。

現在フランスでは、年間5週間程度の有給休暇が法律で保証されていますし、子どもたちは、夏休み、クリスマス休みも含め、年5回のバカンスがあります。

「次のバカンスは何しよう?」とワクワクするフランス人は、何歳になっても楽しそうに見えます。

それに、**「人生の楽しみ（バカンス）があるからこそ、日々の仕事を頑張ろう!」**と思えるものです。

勉強と休暇、仕事と休暇、小さい頃からこのオン・オフがしっかり身についているからこそ、そもそも休めない仕事はどんなに給与の待遇がよくても選びません。

だからこそ、「自分はなんのために生きているのだろう?」と空虚感に襲われることも少ないのではないでしょうか。

AUX DEUX FRERES
CHARCUTERIE
FINCKER FRERES

Art de vivre

やめたこと 092

便利の追求

「日本とフランス、どちらが住みやすいですか？」

フランス在住を名乗って、発信をしているので、そんな質問をいただくことがよくあります。

この質問に、私はこう答えます。

「便利で快適なのは日本、生きやすいのはフランス」。

コンビニで24時間買い物ができ、電車は時間通りに着いて、郵便物も必ず届く。日本では、当たり前のことですが、世界では、珍しいこと。

日本の誇れる一面ですが、便利さを求めた先には、常に完璧に機能すべきことのプレッシャーがあることも忘れてはいけません。

私は、不便なフランス生活を受け入れました。

なぜなら、待たされても、担当者が不在でも、再配達というサービスがなくても、自分の意見が言えて、気兼ねなく仕事を休めて、年に数回バカンスを取れる暮らしが自分には合っているからです。

6章　私がフランスでやめた「生き方」

Art de vivre

やめたこと 093
計画的すぎる旅行

夫婦でフランス国内旅行を計画したとき、1日目、2日目、3日目、とTO DOリストを作成した私に夫は絶句。

「バカンスは仕事じゃないから（笑）。スケジュールに余白を作ろうよ」。まさかの一言でした。

日本での家族旅行も友人との旅行も、だいたい観光名所やご当地名物を堪能するために、おおまかな予定は事前に計画するものだと思っていたからです。**バカンスの楽しみ方はフランス人に習え**。そう自分に言い聞かせ、少々無計画な状態で旅立ちました。

「こっちの道に入ってみようか？」「このレストランのメニューを見てみようか？」と行き当たりばったりの状況に心躍らせる夫。

また、すべてが思い通りにいかなくても、「目的地まで少し遠回りしてもかわいい裏路地を発見できてラッキーだね」「レストランがイマイチでも中世の内装は迫力があったね」と言える。

それは純粋に「その時の体験」を楽しんでいるからだと感じさせられた旅行でした。

6章　私がフランスでやめた「生き方」

Art de vivre

やめたこと 094
理想を追いかける

「理想が高いよね！」

私は小学生の頃から、ずっとそんなふうに言われていました。少女漫画を読みすぎていて、洋画にどっぷりハマっていたので、現実の世界にあまり興味もありませんでした。

理想が高すぎた私が今までで一番辛かったのは、子育てです。

今、振り返れば、「いい人生経験だったなぁ」と笑えることもありますが、当時の私は、思い通りにいかない毎日に途方に暮れていました。いわゆる産後うつ症状です。

ある日、保育園の園長先生との面談でこんなことを言われました。

「理想は理想。あなたには、あなただけの子育てのスタイルがある」

この一言が忘れられません。

お母さんになっても、**自分らしく生きているように見える、フランス人女性たち。**

彼女たちは、他人や社会の理想ではなく、それぞれの生き方、暮らし方を模索しているので、輝いて見えるのではないでしょうか。

Art de vivre

やめたこと 095
過去の失敗を消そうとする

私は、失敗嫌いで、絵も文章も大量に下書きをして清書をします。

デジタルが普及してから、写りの悪い写真は消せばいい、書き間違えても上書き保存すればいい。

私たちは、過去の失敗を消して、いい物だけを取っておけるようになりました。

でも、その真逆の考えを持っていたのが、一緒に働いていた、とあるフランス人の上司です。

彼は、なんでも手書きでメモを取る人でした。

A4のコピー用紙にボールペンでアイデアや、やるべきことを書き出す。

とても原始的な方法ですが、**「履歴を残すことで、あとで振り返ることが大切。僕はアナログ人間だ」**と自信を持って説明してくれました。

彼のこの一言で、結果を出すことだけでなく、**目標までの過程も大事にする働き方に共感しました。**

Art de vivre

やめたこと 096
しっかり者のお姉ちゃん

私は、2人姉妹の長女です。小さい頃から「しっかり者だね」「どこでも生きていけるね」と周りによく言われていたので、実は、人に甘えることが大の苦手でした。

本当は、料理も掃除もテキトウ。大雑把な性格なのに、いつも心のどこかで「しっかりしなきゃ」と思っていたし、頼むよりも自分でやったほうが早いと、なんでもかんでも抱えて爆発してしまう。不器用なタイプなのです。

そんな私が、フランス人のママたちから学んだことは、**「自立とは、困ったときに人に頼れること」**。

フランスでは、フルタイムで仕事をしながら、3人、4人と子育てをしているママは珍しくありません。

でも誰1人として、「仕事も子育ても自分1人で頑張らなきゃ！」とは思っていないのです。

困ったときに「困った！　助けて！」と言い合える友達がいること。

私は、しっかり者のお姉ちゃんから、頼り上手のママになりたいなと思っています。

やめたこと 097
失敗を恐れる

「On est là pour apprendre !（学ぶためにここにいるのよ！）」

これは、語学学校に通ったときに先生が何度も口にしていた言葉です。

完璧主義で失敗を嫌う私にとって、語学の習得は毎回、自分との闘いでした。

特に私が所属していたクラスは、流暢に会話できるヨーロッパ国籍の生徒ばかり。「失敗したくない」「間違えたら恥ずかしい」と思う気持ちも強くなり、発言ができませんでした。

なので、先生のこの言葉と、常に明るい彼女の雰囲気に、**「失敗を学びに変えていく」という姿勢を教えてもらいました。**

日本語で「失敗は成功のもと」ということわざがあるように、フランス語でも**「C'est dans l'échec que l'on apprend（失敗経験から学びを得る）」**という言葉があります。

同じ「失敗」を指していても、フランス語では「失敗を学びの場」と考える部分が、ポジティブで素敵ですよね。

6章　私がフランスでやめた「生き方」

Art de vivre

やめたこと 098
他人に期待する

「Syndrome de Paris（パリ症候群）」という言葉を聞いたことがありますか？

これは、パリの華やかなイメージを期待してフランスに来たら、理想と現実とのギャップに適応できずに精神的なバランスを崩し、鬱病に近い症状を訴える状態を指す精神医学用語です。

フランスでの生活の大原則は、「期待しない」です。

日本のようなサービス、衛生観念、品質を求めれば求めるほど、現地での生活は苦になるからです。不便で少々街中が汚いパリは、悪者ではありません。

なぜならその暮らしには、個人の自由があり、家族を大切にする人々の温かさがあり、バカンスを楽しむ豊かさがあるからです。

フランスと日本の暮らしは簡単には比較できません。

どこにフォーカスするか。自分らしく生きられるのは、どちらの環境なのか。

そう自分に質問したときに出た答えは、「フランスの暮らしを楽しもう！」という結論でした。

Art de vivre

やめたこと 099
学ばない人生

元国立研究員の夫は、好奇心旺盛で、今でも論文を積極的に読んでいます。

毎日、フランス国内の時事ニュースだけでなく、イギリス、アメリカの新聞も読むような人です。そんな彼の趣味は**「学ぶこと」**。

大学、大学院、博士号まで取得しているのに、まだ学びたいなんて変わっているなぁと思っていましたが、リカレント教育について新聞で読み、彼の行動に納得しました。

リカレント（recurrent）は「循環する」「再発する」という意味を持ち、リカレント教育とは、学校教育を終えて社会に出てからも、必要なタイミングで、独学、講座受講、異文化体験などを通して得た知識・技術を仕事に反映する、つまり、**仕事と教育を繰り返すことを指します**。

人生１００年時代といわれ、世の中の変化が激しく、未来が予測できない現代。

特に世界的なパンデミックでは、生涯学び続けることの重要性を、身をもって体験しました。

6

Art de vivre

やめたこと 100
フランス人になろうとする

フランス人の生き方や考え方を参考に、理想のライフスタイルを模索していると、ふと「アイデンティティ」という言葉が頭をよぎりました。

フランス語で「イデンティテ（Identité）」は、身分証明以外に、**他人や社会との関わりの中で、自分が自分であるという感覚を持つこと、自分がどういう人物であるかを認識すること、その自分が過去も未来も変わらない感覚のこと**を指します。

これは、海外に住む日本人だけでなく、私の子どものように日本にルーツを持つ子どもも抱える悩みのひとつでもあります。

「郷に入れば郷に従え」という言葉の通り、その土地の文化や習慣を受け入れて生活していくことは、海外生活で心地よく暮らすために必要なこと。

ですが、私は、フランスの街中で、アフリカンワックスの華やかなドレスを揺らして歩く黒人女性達を見るたびに、世界中どこで暮らしても、自分であることは変わらないことを感じさせられるのです。

おわりに

一度きりの人生、悔いなく楽しいものにするために

2011年7月、サマータイムで21時まで明るいフランス。

港町の南仏マルセイユでは、絵画のような地中海の色、雲一つない空、そしてテラス席でキンキンに冷えたロゼを片手にフランス人が会話を楽しんでいました。

そんな光景を目の前に、「一度きりの人生、楽しく生きる！」と、フランスに住むことを決心したのを今でも忘れません。

もし、フランスに来ていなかったら、100のことを「やめる」こともなく、今でも日常の小さなモヤモヤを抱えながら、完璧主義・浪費家のままで過ごしていたことでしょう。

思い切ってフランス移住を決意して、本当によかった！　と今でも思っています。

ここまで読んでくださり、ありがとうございます。
この本を手に取ってくださったあなたの暮らしのパレットに、新たな色を加えられたら嬉しいです。

いつもインスタグラムやVoicyで発信を見てくださっているみなさま、本当にありがとうございます。
そして、書籍化の提案をくださった、大和出版の葛原さん、原稿へのコメントやフォロー、ありがとうございました。
最後に、執筆を応援してくれたフランスの家族や友人へ、心から感謝をこめて。

ロッコ

「当たり前」を手放したら、人生が豊かになった

フランスでやめた100のこと

2023年 6月30日　初版発行
2024年 7月11日　5刷発行

著　者……ロッコ
発行者……塚田太郎
発行所……株式会社大和出版
　東京都文京区音羽1-26-11　〒112-0013
　電話　営業部03-5978-8121／編集部03-5978-8131
　https://daiwashuppan.com
印刷所／製本所……日経印刷株式会社
装幀者……菊池祐

ISBN978-4-8047-0620-7